全国教育科学“十四五”规划课题
“‘家长学校’教育质量评价模型构建与质量验
（批准文号：BSA240232）科研成果

U0804764

故事里的家庭教育学

——小学中高段学生家庭教育指导手册

总主编 赵 刚 本册主编 张 聪

《故事里的家庭教育学》编委会
（排名不分先后）

于冬青 王 瑄 白 兰 成艳芳 吕 博 江 艳
李学义 杨裕民 何云山 张 聪 陈三军 周一敏
赵 刚 柯昌兵 崔唯利 董开亮 董立君 方玉良

长江出版传媒 | 湖北教育出版社

家庭教育学：幸福人生的必修课

当今社会，我们常常在忙碌的生活节奏中，遗忘了一些极为基础却又关键的生活常识。在传统认知里，人生中有两件大事：成家、立业。它们如同人生坐标系的双轴，共同标定着个体价值的维度。然而，令人惋惜的是，当下众多人在追逐事业巅峰的过程中，不经意间偏离了“家庭”这一生活的原点。大多数人接受教育是为了提升生活品质，获得幸福。一个人的幸福指数，由家庭生活的美满程度及其获得的社会评价共同构筑。试想，若家庭内部夫妻关系紧张、亲子关系对立，那么身处其中的人，又怎能真切体会到幸福呢？在社会舞台上，我们的角色不断变换，充满不确定性，而家庭角色却相对稳定且贯穿一生。当好一位处长、厂长等社会角色需要历练，而成为一名优秀的家长，同样需要持续学习、用心感悟以及不断自我提升。

人类以家庭的形式构建生活，这是文明进步的标志。作为社会结构的基本单元，家庭承载着情感慰藉、安全互助、生命延续、两性和谐等诸多重要责任与功能。生育子女是实现生命繁衍的关键环节，鉴于此，长辈在家庭教育中肩负着培育下一代的核心责任。尽管工业革命催生了大规模的学校教育，但家庭特有的教育功能仍然是学校教育所无法替代的。家庭文化的熏陶、家庭生活的点滴、家人之间的关系以及家长的一言一行，都在潜移默化中影响着孩子未来的处世方式与生活态度，也决定了他们的人生质量。人类教育发展到现在，一个被证明了的经验或者说教训就是，缺失家庭教育的教育体系，往往难以造就幸福的、高素质的人才。

有人说，家庭是孩子的第一所学校，家长是孩子的第一任老师。在当下，这句话有着更为深刻的内涵。如今，家庭常常成为孩子继续完成学校作业的第二场所，家长大多也只是履行抚养孩子的基本职责，并未充分意识到以身作则、言传身教的教育责任。学校老师的专业化教育固然重要，但若作为第一任老师的家长，未能将孩子教导得通情达理、具备基本生活能力，那么即便学校老师使出浑身解数，也难以将孩子塑造成有用之才。由此可见，作为人生第一所学校的家庭、作为孩子第一任老师的家长，其作用无可替代。我国未成年人口数量庞大，其背后的父母与祖辈更是一个规模可观的群体。这一群体的素质以及其在教育中发挥的作用，对国家治理水平和教育现代化进程有着重大影响。因此，这套《故事里的家庭教育学》的价值不言而喻。

2025年，正值“中国近代幼儿教育之父”陈鹤琴先生1925年所著《儿童心理之研究》《家庭教育》两本书出版100周年。这两本书的出版是中国现代儿童教育、家庭教育“中国化、科学化、大众化”进程开始的重要标志。我们这套《故事里的家庭教育学》在百年之后与之呼应，旨在向陈鹤琴先生致敬，并再次强调：家庭是人生的幸福原点，家庭教育是每个人受教育的起点，家庭教育这门学问，是一个人学习与实践的必修课。愿这本以事喻理、力求通俗的“学”能为您所用，转化为助力子女成长之“行”。

赵　刚

目　录

第一章　培养优秀品德

明代思想家王守仁在《传习录》中写道："种树者必培其根，种德者必养其心。"其意思是，栽种树木，必须要将树木的根系培养好；修养品德，必须要将自己的心性培养好。可见，修养品德十分重要。而在家庭教育中，最重要的也应该是品德教育。从三年级开始，孩子真正进入到小学中高段。随着这一时期孩子在生理、心理上的变化，孩子的社会性交往日渐深入，自我意识也随之不断增强。因此，在这一重要时期，培养孩子的优秀品德成为很多家长非常关心的事情。

本章从日常生活中常见的规则入手，探讨如何培养孩子敬畏规则的品德，进而谈到热爱劳动、诚实守信、关心他人、热爱班集体等优秀品德的培养问题。

第一节　敬畏规则

规则是制定出来供大家共同遵守的制度或章程。任何一个社会的发展都需要有一定的规则，才能维持良好的秩序。例如，交通规则保障着交通运输和行人的安全。而家庭内部规则有利于家庭成员和谐融洽地共同生活。从这个角度看，对小学中高年段的孩子进行规则教育、切实培养他们敬畏规则的优秀品德，有着十分重要的现实意义。

一名小学三年级的学生翻越校外马路护栏时，小腿不小心插入了护栏尖刺，被倒挂在护栏上不能动弹。所幸民警、消防员和几位热心群众一同托举着这个孩子，防止了二次伤害。最后，消防员操作消防液压钳，小心地将钢筋剪断后，孩子才脱离了险境。

故事中的孩子之所以受伤，就是因为不遵守交通规则，随意翻越马路护栏。处于这一年龄段的孩子，常常意识不到危险，行为莽撞，对很多规则也不清楚。随着社会性交往的日益扩大，无论是在公共场所，还是在自己的家中，很多孩子越来越需要理解规则对于自身成长的重要价值。而家长也应在这个时期逐渐引导孩子尊重社会规则，按照规则办事。

教子有方小课堂

1. 关注孩子对规则的认识过程

“没有规矩，不成方圆。”孩子进入小学中高段，家长就需要主动关注孩子对规则的认识过程：孩子是否认识到家庭内部的规则、是否认识到公共场所的规则、是否认识到学校和班级内的规则？如果孩子愿意关注并遵守规则，那么就要给予肯定。同时，家长也需要科学引导孩子在遵循规则的基础上建构属于自己的生活。

2. 引导孩子认识并遵循隐性规则

从规则的存在形态来看，存在显性规则和隐性规则。显性规则是那些孩子能够在日常生活中感受到的规则，如比赛得分高的一方获胜等；隐性规则则是在人际交往中逐渐体验到的，如和别人说话要尽可能看着对方的眼睛等。很多处于小学中高段的孩子很容易触碰到显性规则的边界，但对隐性规则的存在缺乏深度感知。而这就需要家长不断引导孩子认识、使用“隐性规则”，以便孩子更好地感知与遵循。

3. 进行规则教育时应多使用倡导性语言

倡导性语言一般带有“希望”“表扬”等语气，而禁止性语言一般带有“禁止”“不准”“不允许”等语气。在现实生活中，禁止性语言的过多使用容易让处于小学中高段的孩子对规则产生厌恶情绪。所以家长应更多地以倡导性语言教育孩子。例如，把“禁止乱扔垃圾”的说法改为“希望你能把垃圾扔到它的家——垃圾桶”。这样积极、正向的语言会让规则教育收到更好的效果。

第二节　负责担当

负责担当的品德是孩子将来立足社会的必要条件，属于素质教育的重要内容。对于这一品德，主要的教育任务是唤醒责任意识、激发责任情感、培养履责能力和形成责任行为。实际上，小学中高段孩子负责担当的品德是在完成一定任务的过程中逐渐形成的，责任心的培养应当在生活、学习和社会实践中通过渗透的方式来完成。

小明在一些事情上习惯于依赖家长和老师，而不是尝试自己去解决问题。例如，他发现自己的校服、公交卡丢在了学校，他自己不去跟老师说或去失物招领处询问，而是回到家后让妈妈去跟老师沟通。还有一次，他和丽丽因为一件小事而产生了矛盾，自己不知道该怎么处理，于是告诉了妈妈，让妈妈来处理。

处于小学中高段时期的孩子责任意识比较薄弱，缺乏对家庭、集体和社会的责任感，表现为在家基本不做家务，不能很好完成家长交给的任务，有事不向家长告知；对班集体漠不关心，为班级做事甚少；做事不计后果，出事推卸责任等。这些表现的背后大多存在家长对孩子娇宠溺爱、过于保护、事事代劳的问题。故事中的小明凡事都要让妈妈出面解决，实际上正是小明没有担当的表现，但我们也要思考：孩子的没担当是否源自家长“太负责任”呢？

教子有方小课堂

1. 培养孩子独立解决问题的能力

很多家长一看到孩子有困难，就主动上前帮忙解决。对此，家长应尽量避免这样的做法，给孩子自己处理问题的机会。有的家长虽然有意识地培养孩子的自立能力，但当孩子向自己哭诉时往往又妥协了。因此，家长要坚持自己的原则，尽量让孩子独立思考，独立解决问题。

2. 培养孩子的独立人格

家长要让孩子“自己的事情自己做”，明确学习是孩子自己的事，并给孩子分配具体的家务；当委托孩子办事时，需要让孩子意识到完成别人交代的任务是一种责任，是守信的表现；孩子做错事了，要让他明白不能推卸责任。

3. 培养孩子面对挫折与失败的正确心态

很多孩子在面对困难时，会产生挫败感。如果孩子因此而不敢再尝试，甚至自暴自弃，那么就会失去负责担当的勇气。为此，家长要在孩子遇到挫折与失败时，协助他调整心态，鼓励他勇于面对人生中的种种考验，并给予积极的支持，从而培养其负责担当的优秀品德。

第三节　热爱劳动

劳动是人类社会生存和发展的基础，热爱劳动是中华民族的传统美德。可现在很多孩子远离农业生产劳动，缺乏必要的劳动热情、劳动意识和劳动技能。即便在家庭生活中，对于家务劳动，他们也缺少日常实践。因此，培养小学中高段孩子热爱劳动的良好品德十分重要。

国庆节假期，妈妈带着亮亮去姥姥家，路过一片金灿灿的稻田。亮亮很兴奋地问道："妈妈，那是什么？是稻子吗？""是啊，咱们吃的大米就是这样从地里种出来的。"妈妈想着，亮亮每次吃饭都要三催四请，不如让他感受一下农村生活，感悟粮食的来之不易。

于是，妈妈带着亮亮在稻田里观察水稻的形状，一起探讨水稻如何变成大米。到了姥姥家，亮亮还和姥姥一起在菜园里摘茄子、豆角，挖胡萝卜，掰玉米，忙得不亦乐乎。晚上吃饭，亮亮不用妈妈催就把饭菜吃得干干净净。

小学中高段时期，很多孩子都像亮亮这样，对农业生产劳动并不熟悉，也不大认识农作物。故事中的妈妈利用带亮亮回姥姥家的这段短暂时光，为亮亮上了一堂生动的劳动教育课，让亮亮了解了劳动的重要性。

教子有方小课堂

1. 为孩子树立热爱劳动的好榜样

在日常生活中，如果家长总是互相推脱、抱怨，不去做饭、洗碗等，势必会给孩子造成不好的影响。因此，家长自己就要热爱劳动，并在做家务劳动的时候告诉孩子劳动是一件非常光荣的事情，帮助孩子树立正确的劳动观念，主动成为孩子的好榜样。

2. 带孩子走进农业生产劳动现场

俗话说“百闻不如一见”。家长要充分利用周末、假期，和孩子一起前往乡村，走进农业生产劳动现场，感受劳动的伟大力量。春天，和农民伯伯一起耕种，感受春日新生的希望；秋天，和农民伯伯一起收获，体会秋日丰收的喜悦。这种在生产劳动现场感知到的信息，往往胜过千言万语。

3. 培养孩子德智体美劳全面发展

在德智体美劳全要素融入教育过程的时代背景下，家长要培养孩子对于劳动的正确认知，努力通过德智体美劳五育并举的方式培养孩子对劳动的真正热爱。例如，通过劳动教育与体育运动并举的方式帮助孩子提高身体素质，磨炼意志。在劳动过程中，孩子的道德品质也会得到进一步提升，更加懂得“劳动者是最美的人”这句话的深意。

第四节　诚实守信

诚信是做人的基本准则，是立身之本。诚信是小学生社会性发展的重要内容，是小学生在社会交往中所形成和发展的品德。小学阶段是诚信品质形成和发展的重要阶段，而家庭是小学生诚信品质形成和发展的重要阵地。

处于小学中高段的孩子，虽然已经在诚实守信方面打下了一定的生活基础，但随着自身社会性交往的日益扩大，在多领域、多时空中切实加强诚实守信教育，仍然十分必要。

丽丽因为学习问题经常跟父母撒谎，每次撒谎时，她心里都不踏实，知道这样做不好，但是也不敢说实话。因为以往父母总是要丽丽说实话，并说好不生气，但是说了实话之后，他们常常是越来越生气，甚至有的时候还会训斥她一顿，吓得丽丽再也不敢说实话了。

珍珍目前的学习比较紧张，除了要到父母给她在校外报的几个辅导班上课外，还要写学校的作业。因此，对于学校举办的一些诸如参观、义务劳动等课外德育活动，父母就会时常给她请病假，让她去辅导班上课或者在家写作业。

处于小学中高段时期的孩子，已经对诚实守信有了初步的道德认知与价值判断。然而，很多孩子没有做到足够的诚实守信，正是源自家长的错误引导。故事中无论是丽丽的父母，还是珍珍的父母，都没有做到诚实守信。珍珍的父母为了让孩子有更多的学习时间，撒谎欺骗老师。这样下去，珍珍不仅没有得到学校活动的锻炼，还极有可能效仿父母的做法，遇到一些类似的事情，便会通过找借口、撒谎等方式逃避。

教子有方小课堂

1. 为孩子树立诚实守信的好榜样

在日常生活中，家长应主动为孩子做出表率，例如，家长在对孩子做出承诺前，务必三思，一旦答应孩子，就应该想办法兑现，真正做到“言必信，行必果”，切不可出尔反尔，给孩子造成不好的印象。如果真的因为某种原因难以兑现承诺，那么就一定要跟孩子讲清楚。

2. 引导孩子理性识别负面现象

对于社会生活中出现的诸多不诚实守信的现象，家长不能为了保护孩子纯洁的心灵而一味地采取“屏蔽教育法”。这是因为，在信息时代，小学中高段的孩子能够借助多种手段获取真实信息，而那些负面现象正是对孩子进行针对性教育的最好机会。面对那些不诚实守信的现象，家长应该与孩子进行充分交流和讨论，引导孩子认识到诚实守信对于自身成长、对于社会发展的重要价值。

3. 以正面教育引导孩子形成诚实守信的品德

虽然社会生活中有时会出现不诚实守信的现象，但更多的是人们在自觉践行诚实守信。对此，家长应以积极的正面教育来引导孩子形成诚实守信的品德。例如，信义兄弟孙东林为了完成哥哥腊月二十九给农民工发工资的遗愿，钱不够还要贴上自己和母亲的钱，完成了诚实守信的道德义务；70 多岁的诚信老爹吴乃宜宁愿自己每天喝稀饭、织渔网，也要偿还儿子去世前欠下的债务。这些生动的事例说明诚实守信的社会风气长存，每个人都诚实守信才能推动社会的发展进步。

第五节　关心他人

关心他人是构建和谐社会的基础；人人需要得到别人的关爱，人人也需要关爱别人。关心他人应与爱心教育同行。要孩子关心他人，就要让他从关心家人做起，要关心老师和同学，关心邻里，直至关心一切有困难和需要关心的人。

三年级的妍妍与丽丽是同桌。一天，妍妍突然觉得头疼，不能正常上课，丽丽发现后立刻报告了老师，老师和丽丽一起把妍妍送到了医务室，丽丽还给妍妍倒了杯热水，让她好好休息，妍妍很感动，很庆幸自己有丽丽这样的朋友。

故事中，妍妍和丽丽作为同桌，往往容易形成较好的朋友关系，但也容易产生一定的隔阂和分歧。家长要多关注这种“同桌同学”的独特人际关系。

教子有方小课堂

1. 让孩子在体验被爱中学会关爱

让孩子转换角色，或身临其境，体验需要关心和帮助的心情；让孩子知道还有许多人有着各种困难和痛苦，需要帮助和关心。当孩子产生关心的情感和行为时，家长应积极给予孩子肯定和鼓励，让孩子感受到关心和帮助他人的快乐。

2. 教孩子学会如何关心他人

关心他人，是要关心他人的现实处境，特别是当他人处于痛苦、难过、焦虑等特殊状态时，要主动上前询问，给予一定的安慰和温暖。例如，当同学身体不适时，要主动关心，提供一定的帮助。

3. 引导孩子从关心家人入手

教育孩子关心他人，家长要善于从家庭生活入手，引导孩子在日常生活中尊重长辈，关心家庭成员。例如，引导孩子体谅家长工作的辛苦，通过做家务等简单行为为家长分忧。这样逐渐培养孩子关心他人的情感。

第六节　学会消费

消费是社会生活的重要内容之一，学生消费应发扬节俭美德，但不应一味要求少花钱，而是要着眼于会花钱。消费教育还涉及消费常识、消费技能、商品知识、保护消费者权益等方面的内容，是新时期思想品德教育的重要组成部分。

亮亮是一名小学三年级学生，之前会时不时跟家长要零花钱。只要亮亮要钱，家长就给他，而具体如何使用这个钱，家长并不怎么约束他。进入三年级之后，班主任在开家长会时，建议家长让孩子多参与一些家务劳动。回家后，妈妈要亮亮适当分担一点家务，可是亮亮很抵触，干活也很马虎。于是，爸爸妈妈尝试用奖励的方式来刺激亮亮做家务：刷一个碗 5 毛钱，刷一次锅 1 元钱，擦桌子、扫地一次 1 元钱…… 每次干活，亮亮都获得一次赚取零花钱的机会，干得特别起劲儿。可是后来每次要做事之前，他都会先来跟爸爸妈妈谈条件，有时甚至要求涨价，爸爸妈妈意识到这样也有问题了，可又不知道该怎么办才好。

处于小学中高段时期的孩子，已经对日常消费行为有了一定的认识与判断，但像故事中的亮亮这样，一味向家长要钱，则是不妥当的。孩子做家务可以适当予以物质奖励和精神奖励，但家长不能以此为条件来与孩子进行长期“交易”。对于“要钱就给”的亮亮家长来说，他们应该弄清亮亮究竟要用这些钱做什么，应和亮亮进行必要的沟通，甚至还需要适当地约束亮亮的消费行为。

教子有方小课堂

1. 引导孩子建立正确的消费观

家长要告诉孩子钱是怎么来的，让孩子明白赚钱不易；给零花钱要适度；要求孩子进行消费预算，鼓励发展性消费和参加储蓄；教育孩子勤俭节约、量入为出；合理引导孩子的交往应酬性消费，让他们懂得同伴间的友谊应靠真情维系而非物质；制止孩子上馆子聚餐、泡网吧等不良消费行为。

2. 为孩子树立理性消费的好榜样

现在很多孩子的家长经常性地叫外卖，在家不愿意做饭；不断地上网购物，买一些不必要的东西。很多孩子的消费行为往往与对大人的模仿有着密切关系。因此，家长在教育孩子学会消费之前，需要先反思一下自身的日常消费行为是否科学、合理，有没有给孩子做不好的行为示范。只有这样，家长才能为孩子树立理性消费的好榜样。

3. 引导孩子制订消费计划

孩子的日常花销来源于家长，家长可以在这一过程中实行“总额控制”，引导孩子带着问题制订消费计划。例如，这个月计划花多少钱？哪些是必要的消费？哪些不是必要的消费？这些钱如何花才能更合理？诸如此类。通过这些问题，不断加强对孩子科学消费观的教育引导。

第七节　学会分享

分享可以改善人际关系，学会分享，才能将“我”变成“我们”！如果能将自己的快乐带给别人，别人也会收获一份快乐。分享快乐的过程，也正是让快乐“加倍”的过程。让孩子学会分享，才能让他们的人生充满快乐和幸福！

有个农民经营着一家农场，他非常擅长耕种。每年秋天的种子交易会上，他家的粮食和蔬菜种子价格最高。即使这样，还经常供不应求。

后来，他年纪大了，决定将农场交给儿子管理。有一天，他跟儿子交代完农场各类事项后，非常严肃地对儿子说：“还有一件非常重要的事情，你一定要牢记在心。每年秋天，无论咱们家的种子多么紧张，你都要挑一担最好的种子送给邻居们。”

儿子听了很不理解：“父亲，我们家的种子那么抢手，为什么不高价卖掉，反而要免费送给邻居呢？”父亲听后，拉着儿子的手说：“孩子啊，你知道我们家的粮食和蔬菜为什么长得这么好吗？”儿子摇摇头。

父亲说："就是因为每年我都把最好的种子送给邻居们。你知道风是花粉的媒介，每年植物开花时，风从一片地里把花粉吹到另一片地里。如果邻居们用了劣质的种子，劣质种子的花粉被风吹进咱们家的地里，咱们家的粮食和蔬菜就长不好了。记住，要给邻居们最好的种子，分享是助人，也是助己。"

处于小学中高段的孩子，已经对日常生活中的分享行为有了初步的理解与认知。故事中父亲的行为让儿子理解了与人分享，自己也会获得美好的回报，懂得了分享的重要价值。这对各位家长来说，也具有很强的教育意义。

教子有方小课堂

1. 为孩子做分享示范

现实生活中处处都充满着分享的机会。例如，家长可以与孩子互送礼物，然后交换礼物，让孩子明白一个人玩仅仅是"独乐乐"，而大家一起玩才是"众乐乐"。当家里煮好了饺子，要引导孩子主动分享给朋友或邻居，让大家都品尝一下自家的美味。这样的分享行为，对孩子产生潜移默化的影响，让孩子能够打开房门与家人分享，打开家门与邻居、朋友以及更多的人分享。

2. 引导孩子学会换位思考

在很多独生子女家庭中，孩子往往会想当然地认为家里的一切都是自己的，从而失去了分享的前提和基础。这种情况下，家长要在日常生活中逐渐引导孩子学会换位思考。例如，引导孩子意识到：“别人没有你的这本书，还不知道书中的快乐，他会不会很想看呢？”这时可以再进一步引导孩子：“你知道同学们都有哪些好书吗？如果不分享，你也得不到别人书里的那些知识……”通过这种逐步加深的引导，孩子能够慢慢理解不被分享的失落感，从而主动融入群体中，学会与他人分享。

3. 多子女家庭的分享教育

在很多家庭有两个甚至更多孩子的时代背景下，孩子们往往会就玩具、食物等进行不同程度的争夺。在这样的家庭中，很多家长通常的做法是教育大的孩子要让着小的孩子，然后将大的孩子本来得到的东西交给小的孩子。其实，这种做法是不科学的。分享不应是来自家长的安排，而应是来自孩子们之间发自内心的交流与互动。家长的强行安排会让一些大的孩子在心里怀疑家长对他的爱，长期如此甚至会影响大的孩子的心理健康；而小的孩子则会认为自己还小，别人理应让着他，而不愿主动分享。因此，家长的正确做法是，和大的孩子商量，给予小的孩子教育，在相对公平的基础上开展分享活动。

4. 引导孩子分享自身的经验与感悟

小学中高段的孩子，已经积累了一些自己的生活、学习经验与感悟。因此，家长要引导孩子不仅在食物、书本、玩具等方面与同伴分享，还要学会将自己的经验和感悟与同伴交流。这种分享，是一种高级的思维活动，有助于提升孩子的思维品质，同时也有助于加深孩子之间的友谊。

第八节　热爱班集体

班级是孩子在学校成长的重要组织，而班集体是班级经过一段时间发展之后，逐渐形成的具有良好的班风和班级氛围，以及一定的自组织力的群体。班集体是由每个身处其中的学生共同构成的，而每个学生也理应为班集体贡献自己的聪明才智。对于处于小学中高段的孩子来说，热爱班集体是一种积极适应并融入社会的表现，也是助推其人生发展的重要动能。

王伟学习成绩非常优秀，但不喜欢与人交流，也不愿意参加班级活动。班主任经常向王伟妈妈反映：孩子在班级中格格不入，独来独往，常常一个人坐在座位上自娱自乐；课间操也很少参加；班干部民主竞选时，成绩不错的他的支持率却很低……而每次王伟妈妈都推说自己工作忙，也不会教育孩子，让老师多帮忙。

六一儿童节快到了，学校要举行文艺会演，要求每个班出个节目，同学们都兴奋地为班级出谋划策。王伟回家征求妈妈意见，妈妈却说：“现在你的主要任务是学习，不要因为其他事情耽误了你的学习时间。等你考上了大学，会有更多更有趣的活动。”每天放学回家，妈妈都会在第一时间问王伟：“今天学什么了？学会了吗?”“今天考试考得怎么样?”而关于参加班集体活动的情况，妈妈从不过问。

故事中的王伟融入不了班集体，实际上和他妈妈不正确的教育方式有关。王伟妈妈过于重视成绩、分数，而忽视了孩子更为重要的社会性交往过程。更值得关注的是，面对来自班主任的不断提醒，王伟妈妈始终没有醒悟，而将孩子的教育责任一味地推给了老师。这是一种极为不负责任的行为。在家校合作共育过程中，家长一方的失责往往会造成孩子教育的不完整，从而影响孩子的健康成长。

教子有方小课堂

1. 为孩子树立热爱班集体的榜样

教育孩子热爱班集体，家长要以身作则。一方面，家长要与自己的同事、朋友、邻居友好相处，引导孩子理解日常社会交往中集体、团队的重要性；另一方面，可以带孩子多参加各种集体活动，让他体会团队活动的快乐，感悟集体的凝聚力，从而激发孩子热爱自己的班集体。

2. 引导孩子悦纳他人

在很多独生子女家庭中，孩子的自我意识非常强，不容易悦纳他人。这时，家长应鼓励孩子走出家庭，走向拥有更多同龄人的班集体，并不断引导孩子认识到集体的重要性，让孩子学会尊重他人的想法、意见。

3. 鼓励孩子参与创设班集体活动

小学中高段的孩子，已经能够为班集体活动出谋划策了。家长可以鼓励孩子创设一些富有时代气息、符合学生身心发展的班集体活动。例如，建议孩子为班集体创设有趣的游戏，让更多的同学参与其中，从而激发孩子对班集体的热爱之情。

第二章　科学指导学习

小学中高段的孩子正是学习的关键阶段，而科学的学习方法能够让孩子的发展事半功倍。这一阶段也是孩子的高阶思维萌芽时期，比如批判性思维、创造性思维等。高阶思维不是知识本身，不具备传递性，因此要培养孩子的高阶思维必须要让孩子在科学的学习过程中获得。

本章将从培养好的阅读习惯、科学管理时间、同伴互助学习、高效完成家庭作业、理性对待成绩、提高学习兴趣、改善学习氛围、建立奖惩机制等方面对家长进行指导。

第一节　培养好的阅读习惯

阅读是唤醒学生思维的手段之一。养成良好的阅读习惯需要从小抓起。《义务教育语文课程标准（2022 年版）》明确规定，学生九年义务教育阶段课外阅读总量应在 405 万字以上。其中，小学阶段阅读总量应不少于 145 万字。另外，关于阅读教学的具体建议中明确提出，培养学生广泛的阅读兴趣，扩大阅读面，增加阅读量。提倡少做题，多读书，好读书，读好书，读整本的书。鼓励学生自主选择阅读材料。

小学中高段的孩子识字量在不断增加，正是阅读的黄金时期，家长必须抓住这一宝贵阶段，引领孩子沉浸书海，培养孩子良好的阅读习惯。

学校为小学高年级同学们精心准备了一次阅读活动，为了保证活动效果，还提供了阅读指导卡帮助同学们更有效、更快速地进行阅读。学校提出，小学生精力旺盛、活泼好动，但自制力与意志力比较薄弱。在完成某一任务时，常常不能自觉行动，而要靠外力的督促。很多家长也借助此次活动，根据孩子近期要阅读的书目制作了阅读指导卡，让孩子整体了解和知道怎样阅读。

五年级的欢欢同学参加活动之后，也学会了如何制作阅读指导卡，她在妈妈的帮助下为自己非常喜欢并且读过许多遍的《狼王梦》制作了一张阅读指导卡，如下：

作者简介：沈石溪，原名沈一鸣，所著动物小说别具一格，被誉为“中国动物小说大王”，在海内外赢得广泛声誉。

故事梗概：母狼紫岚为了完成公狼黑桑想当狼王的遗愿，培养她的五个孩子，历经艰辛，最终坠入悬崖。文章最后一句是“但愿这一窝狼仔中能有一只成为狼王”。

阅读提示：①紫岚一共生了几个狼崽？黑仔、蓝魂儿是怎么死的？②紫岚是怎么培养双毛的？双毛为什么不能成为狼王？③紫岚为什么要除掉吊吊？④故事中哪一部分最令你印象深刻？

这张《狼王梦》阅读指导卡很快就受到了许多同学的喜爱，正是因为欢欢自己对这本书的热爱，才能制作出如此受欢迎的阅读指导卡。

如何选择适合孩子的书目、如何启发孩子的阅读兴趣、如何营造良好的阅读氛围是家长引导孩子正确阅读以及形成良好阅读习惯的必修课。欢欢的父母经常陪欢欢一起读书，并且让欢欢自己选择想要阅读的书籍。这种亲子间的共读行为，是“共通”的一个渠道，在“言语相通”的基础上实现“心理相通”，家长可以真正地知道孩子喜欢读什么，孩子会在阅读喜欢的书籍以及家长的引导下催生出阅读兴趣的元素。

家长在给孩子选择书籍时切忌从自己的喜好出发，而是应该根据自己孩子的年龄特点选择适合他阅读并且他愿意阅读的图书。只有这样，孩子才能在最大程度上保持对阅读的兴趣。

有条件的家长还可以在每天固定的时间进行亲子共读，共享阅读心得。这样的亲子共读不仅能帮助家长在孩子面前树立阅读榜样，营造一个浓厚的书香氛围，更能增强亲子间的情感交流。

教子有方小课堂

1. 不断激发阅读兴趣

兴趣是孩子最好的老师，也是孩子持之以恒进行阅读的关键。孩子有了兴趣，才能自觉主动地进行阅读活动，才有可能形成良好的阅读习惯。在阅读的过程中，孩子难免会出现“坐不住”“读不进”等情况。为了帮助孩子顺利度过阅读的疲惫期和倦怠期，家长在孩子阅读时要注意陪伴与引导，丰富读书活动内容，并且适当给予口头鼓励以及物质上的奖励，以激发孩子源源不断的阅读热情，获得阅读成就感。

2. 选择适合阅读的书目

家长应根据孩子的兴趣爱好来确定孩子喜欢并且适合他的阅读书目。小学中高段的孩子可以读一些科普类图书，如自然科学、动物知识等，或者读一些童话故事、科幻小说、寓言故事等来帮助孩子了解生活常识、适应集体生活。这样科学安排的阅读更有利于孩子长久发展。

此外，阅读书目的挑选也可以是老师在课堂上推荐的书目。这些书一般是孩子们心中的“热门书籍”。当孩子看到老师和同学都与自己读着同一本书时，阅读的欲望会更强烈，这也在一定程度上实现了“榜样效应”和“同伴效应”。

3. 培养孩子写读书笔记的好习惯

俗话说“好记性不如烂笔头”。孩子在阅读过程中，会遇到许多优美的词汇和句子，如果不写下来，也许会转瞬即忘，这非常可惜。所以建议家长在孩子阅读时，指导孩子边阅读边记笔记，积累他们觉得优美的语句，以增加写作素材，获得一份独一无二的文学“宝藏”。

第二节　科学指导时间管理

时间转瞬即逝，没有人能留住它，学会管理时间是每一个小学中高段孩子的必修课。

小学中高段孩子的行为开始逐步受到自我意识的控制和限制，然而该阶段孩子的自控能力还较差，从而导致孩子的时间管理能力较弱。而孩子的时间管理能力弱很容易造成学业拖延，直接影响孩子的学习成绩。

在时间管理这方面不能单靠家长的不断约束，最重要的是让孩子形成自我时间管理意识。

进入六年级之后，为了培养小明的自我时间管理意识，小明的家长经常让小明收集一些古今中外名人爱惜时间的故事来作为小明有效管理时间的榜样，并利用睡前时间让小明读一读收集的故事，还把一些关于时间的名言警句标记在家里的显眼位置，让小明体会其中的含义。

自我奖励也是孩子形成自我时间管理意识过程中非常重要的一部分。小明就常在自己完成了某一项学习任务后，给予自己适当的奖励，比如每天按时写完作业后，就奖励自己一块最爱吃的糖。

小学中高段的孩子，注意力不集中，一心多用是常见现象。建议家长利用好孩子这一发展的黄金时段给孩子树立时间管理意识，让孩子明白时间的宝贵和不可逆，要科学地进行时间管理。

家长也要注意，自我奖励的确是提高孩子自我时间管理的一种好方法，但是自我奖励不能过于随意，要端正自我奖励的动机。奖励不是目的，而是一种激励措施，通过自我奖励体验成就感，增强自信心，积极主动地去提高自我时间管理能力。

教子有方小课堂

1. 教育孩子珍惜今天

时间管理最重要的是珍惜今天，不拖延，今日事今日毕。为促使孩子按时完成任务，合理规划学习时间，提高科学管理时间能力，家长必须要让孩子明白“一寸光阴一寸金，寸金难买寸光阴”的道理，任何事情都尽可能要以今天为基础，并落实在今天的行动上。

2. 确立科学学习时段

同样用功一小时，不同的人会因精神状况不同导致学习效率不同。合理利用有效率的学习时间是高效学习的关键，建议家长要注意引导孩子学会规划自己的学习时段，以最能专心学习的时间段作为孩子学习的黄金时段。

此外，有规律地利用时间是提高学习成效的好办法。根据巴甫洛夫条件反射原理，如果一个人能够在固定的时间学习固定的科目，每当他打开书本时，大脑的相关部位就会不由自主地兴奋起来，这样能让他更快进入状态，收到更好的学习效果。家长可以引导孩子每天早上在固定的时间背诵，长此以往，能够达到增强记忆力的效果。当然，在平时的生活中，家长也要注意帮助孩子养成在规定时间内学习的习惯，力戒拖延和磨蹭。养成良好的学习习惯，才能为以后的高效率学习打好基础。

3. 合理利用奖惩手段

规定好孩子完成每项任务的具体时间后，家长还需要注意对孩子完成任务的态度、进度、结果进行反馈。这些反馈，可以是奖励，也可以是惩罚。以孩子完成家庭作业为例，当孩子认真、快速、准确地完成作业后，家长要给予一定的奖励；当孩子拖拉、糊弄地完成作业后，要有一定的惩罚。请注意，奖励与惩罚的内容，是家长在孩子做任务前就要提前告知的。

在孩子完成任务之后，家长要将完成任务的时间与之前的进行比较，并不断地鼓励孩子，尽可能让孩子获得成就感。如果在规定时间内完成得好，家长还可以让孩子采用自我奖励的方法对自己进行奖励。久而久之，孩子会在完成各种任务的过程中逐渐体会到时间管理的重要性。

第三节　高效完成家庭作业

家庭作业不仅是教师、学生、家长三方之间的重要桥梁，也是联系课内与课外的关键纽带。家庭作业可以让教师及时检查学生的学习情况，可以让学生强化课堂上所学内容，也可以让家长了解学校所教授的内容以及自己孩子的掌握情况。对于小学中高段的孩子来说，家长配合学校的教学，正确引导孩子高效地完成作业，不仅有利于家庭作业的规范完成，更有利于形成家庭与学校的教育合力，从而促进孩子的健康发展。

小杨是一名小学五年级的学生。他平时写作业总是慢慢腾腾，而且经常把题目看错或做漏；做作业之前也总忘记做好准备，每次等到做计算题时才发现没有准备草稿纸，钢笔没有墨水了才发现没有另外准备一支……他做作业的过程经常被这些小事打乱，中间磨磨蹭蹭就花去好多时间。他的父母对此很苦恼，可由于工作太忙，也没什么时间管他。

家长应清楚地认识到自己在孩子课后学习中所要承担的责任和义务。帮助孩子理解且高效完成家庭作业，关注孩子的学习情况也是家庭生活的重要组成部分。

教子有方小课堂

1. 明确自己的责任定位

家长要在孩子高效完成家庭作业中起到积极鼓励和帮助孩子的

作用。在孩子遇到难题的时候，主动参与孩子的家庭作业中，倾听孩子的问题并积极与孩子讨论；当孩子高效完成家庭作业时，需要给予鼓励和表扬。

2. 引导孩子合理规划家庭作业的任务与时间

家长要引导孩子规划明确且细致的作业内容，及其所需要的具体时间。任何一项作业，必须限定时间，以避免产生拖延的现象。例如，确定了“在 30 分钟之内阅读一篇课文，并能够复述这篇课文的主要内容，认清、理解课文中的生字”的任务与时间，孩子就应该做到在规定时间内完成。

通常来说，孩子基本上是晚上做作业，而足够的睡眠对孩子的综合发展和身体健康有着重要作用，所以，家长在引导孩子规划家庭作业的任务与时间时尽量不要影响孩子的休息，不能因小失大。

3. 营造良好的学习环境与氛围

当孩子在一个安静、光线良好、能够集中注意力的地方学习时，他的时间利用会更有效。一般情况下，孩子完成作业的环境应该宽敞而明亮，特别是做作业的桌子上除了学习用品外，不应摆放其他无关物品，以免分散其注意力；更不能允许孩子一边看电视一边做作业。有条件的家庭可以单独给孩子安排一个房间，要尽可能地远离娱乐的地方。

第四节　理性面对成绩波动

一直以来，学习成绩都被看作衡量学生学习的重要指标，也是家长们最关心的一件事。要想让孩子的成绩一直处于理想状态，往往需要多方因素的共同努力。但现实中常常出现孩子成绩上下波动的情况，此时，就需要家长理性地看待孩子的成绩并正确地引导孩子学会面对成绩的波动。

很多家长会对孩子成绩的起伏十分焦虑，可我并不会焦虑，这是为什么？就在于我对孩子要学什么，以及实际的掌握程度了如指掌。比如，一次儿子语文考试只得了27分，平时考再差也会及格的，于是我去看考卷，发现这次考试主要内容就是默写古文，儿子考得不好是因为考试前没有把这些古文背下来。虽然差距似乎“巨大”，但我知道，弥补的办法就是下次考试之前督促孩子背诵。作为家长，我们自己要清楚孩子现在所处的阶段需要掌握哪些知识点，并且要了解哪些部分孩子还没掌握好。每次考试结束后，要关注孩子做错的题，如果知道这是孩子掌握得不够好的部分，那考成什么样我都不会焦虑，因为这在预料之中。之后，我让孩子对这部分的不足做有针对性的训练就可以了。

对于中高段的小学生来说，随着知识量的增加以及知识难度的提升，成绩波动是一种很正常的现象。

故事中的家长面对孩子的成绩波动没有过分地紧张与担忧，因为他可以理性地面对孩子成绩波动的现象，并能找准原因，对症下药。这样，便能让孩子逐渐取得进步。面对学习成绩波动的情况，家长和孩子都不能过于大意，但也不能如临大敌。对于家长而言，态度决定一切，家长对孩子的态度将直接决定着孩子如何看待学习成绩。

教子有方小课堂

1. 充分肯定孩子的进步

成绩出来后，家长要善于从孩子有所提高的科目入手，充分肯定孩子在该科目的付出，要让孩子知道，只要付出就会有回报，只要重视就会有提高。孩子一定是非常愿意把自己考得好的科目告诉家长的，而对于退步的科目则显得十分不情愿。这也从侧面说明孩子希望得到家长的肯定，而且他自己对于退步的科目是十分在意和自责的。因此，家长应该及时对孩子取得进步的科目给予恰当的鼓励。在此基础上，家长应针对孩子前一时期的学习状况，分析其成绩下滑的原因，比如，平时分配在课外阅读上的时间是否过多，导致没有学习该科目的时间，等等。

2. 对孩子保持宽容与耐心

学习是一个辛苦而漫长的过程，因此需要家长耐心陪伴，尤其是当孩子遇到困难、成绩有所波动时更需要家长的宽容与耐心。对于孩子来说，学习是枯燥的，如果家长在这样的情况下还一味地指责，孩子就容易产生恐惧、厌烦等消极情绪。长此以往，孩子的学习成绩更难提高，以致厌学。

3. 关注孩子的心理健康

作为家长，要尽量帮孩子减少学习压力，不要盲目攀比分数。尤其是对于学习成绩较好的孩子而言，家长更应该关注他的心理状况，因为孩子为了保持优异成绩，往往承受着老师和家长更多的期盼，心理负担更重。对于成绩不是太理想的孩子，家长要给予充分的鼓励与信任，相信孩子在老师的教导和自身的努力下，一定会有所进步。总之，家长要引导孩子用平常心对待成绩，接受他人超越自己，和他人互相学习，共同进步。

第五节　不断提高学习兴趣

学习兴趣是指一个人对学习的一种积极认知倾向和情绪状态，是可以推动人们求知的一种内在精神力量。如果孩子对某一门学科有浓厚的学习兴趣，就会专心致志地钻研它，并持之以恒。由此可见，学习兴趣对孩子的学习与成长具有不可小觑的积极作用。家长在对孩子进行教育时，要充分考虑激发并提高孩子的学习兴趣。

学习从来不是一件轻松的事，却可以变得有趣一点。

进入小学高年级后，儿子对英语越来越感兴趣，我就给他做英语单词卡片，帮助他识记英语单词，然后再把单词连成句子，给他讲，不仅仅讲单词的意思，而且还讲句子的意思、句子联系起来背后的故事。这样，孩子就喜欢上识记单词，因为他喜欢玩啊！而且还喜欢听故事。

故事中的家长，善于利用孩子好奇心旺盛的特点，通过讲故事等方法培养孩子的学习兴趣，并取得了良好的效果。兴趣是最好的动力，有了兴趣就能学好，这是大家公认的观点。

教子有方小课堂

1. 利用孩子的好奇心

好奇心是学习兴趣的源泉。小学阶段的孩子具有好学好问的特点，家长应该充分利用它来提高孩子的学习兴趣。比如，当孩子因为好奇而把闹钟拆开，不停地追问家长闹钟的工作原理时，如果家长把这看成淘气，对孩子严厉批评，就会损害孩子智慧幼芽的生长，严重挫伤其积极性。除此之外，对孩子的提问家长也要耐心解答，做到实事求是。如果不会，可以告诉孩子等自己弄明白后再告诉他，但不可以敷衍了事。如果家长只是一味应付，以后孩子就不愿意再问了，长此以往会降低孩子的学习积极性，不利于其学习兴趣的提高。

2. 创造愉悦的学习环境

良好的家庭环境和氛围更能培养出优秀的孩子。在宽松愉悦的学习环境中，孩子能够不断地受到思想上的启发，逐渐养成主动学习、主动思考、主动探索的习惯。在家中，家长要以身作则，言传身教。如果家长在茶余饭后能够静下心来读一本书，或是伏案写作，孩子耳濡目染，也会养成爱读书、爱学习的好习惯，以此提高学习兴趣。

3. 尊重孩子意愿，合理制订目标

一些家长把孩子当成自己的“私人财产”，希望孩子按自己事先规划好的轨迹成长，却很少考虑孩子的兴趣和特点。这些家长由于自身缺乏正确的理念，在家庭教育方面表现出较大的盲目性，往往造成背道而驰的结果，不仅耗费了家长大量的时间、金钱和精力，更大大地损害了孩子的兴趣。如果一味地硬性要求孩子必须学会什么知识，达到什么标准，都会给孩子的身心造成巨大的压力。长期生活在这种压力下，孩子就容易产生强烈的逆反心理。因此，家长应在尊重孩子意愿的前提下，合理制订目标，才有利于孩子学习兴趣的提高。

第六节　合理建构奖惩机制

奖惩机制是对孩子在学习过程中的一定行为给予奖励和惩罚的

规定的总称。奖励与惩罚在教育中发挥着不可替代的作用。因此，在家庭教育中，家长要建构合理的奖惩机制，针对孩子的行为及时给予奖励或惩罚，以此促进孩子更好地成长。

放假第一天，刚吃完早饭，欣欣就跑出去找小朋友玩耍，直到晚饭时间她才肯回来，还说没玩够呢。让她写日记、背生词的时候，疯玩了一天的她却在小书桌前坐了一会儿就困了。于是，欣欣妈妈拟了一个奖惩方法：如果欣欣按计划学习、玩耍，下次就适当延长她出去玩耍的时间；如果她违反了规定，下次出去玩的时间就要被扣掉。几天下来，欣欣还真做得不错。

故事中的家长为了解决孩子贪玩的问题，制订了合理的奖惩机制。这样能促使孩子身上的毛病得以改正。合理的奖惩机制对于强化孩子的积极行为起着至关重要的作用。在家庭教育中，家长要及时对孩子的良好行为给予奖励，反之，对不良行为给予惩罚。

教子有方小课堂

1. 保持合理的期待

孩子由于先天遗传、环境等因素，个体之间会有很大的差异，在学习成绩上的差异表现得也比较明显。面对这种差异，家长要对孩子保持合理的期待，不能一味地把孩子和那些成绩名列前茅的孩子进行比较，而是要把孩子的现在和过去进行比较。现实中很多对自己孩子不够满意的家长，关注的焦点往往都是孩子的缺点，从来不反思和调整自己，结果就是家长对孩子长期无法改正的缺点束手无策。如果家长能够适当降低对孩子的期待，辅之合理的奖励，让孩子尝到进步的甜头，这样便会促使他再接再厉，朝着理想的目标不断前进。

2. 保持家庭奖惩机制的长久性与敏感性

孩子的成长与成才是一个缓慢的过程，因此，家庭教育也必将是细水长流的教育。无论是优点的培养还是缺点的纠正，都不是一朝一夕的事情，这就需要家长在建立家庭奖惩机制时考虑到孩子成长的长久性与敏感性。耐心观察孩子的日常行为和学习，同时针对孩子的进步和错误及时进行恰当的奖励和惩罚。在这样日复一日的奖惩制度下，孩子的良好行为将会不断得到强化，不良行为也会及时被遏制，实现更好的发展。

第三章　关注身心健康

英国教育家洛克认为："健康之精神寓于健康之身体，这是对于人世幸福的一种简单而充分的描绘。"身心健康包括身体健康和心理健康，其发展水平直接影响着儿童的生活幸福指数。小学中高段的孩子正处于身心发展的重要时期，家长在培养孩子时，不应只关注孩子的学习，还应关注孩子的身体素质和心理健康问题，促进孩子的全面发展。

本章通过探讨叛逆行为、同伴关系等方面的问题，来引导家长关注孩子的成长，促进孩子身心健康发展。

第一节　科学面对叛逆行为

叛逆行为是指孩子要求独立自主，对长辈产生对抗、排斥等行为。当长辈对孩子的想法、做法持反对、怀疑的态度时，孩子就会缺少认同感，随之引发逆反心理，由此导致一系列的叛逆行为。如果没有用合理的方式应对孩子的叛逆行为，其结果将会严重影响孩子的身心健康。

12岁的孙林小时候很乖，大人说什么他都听，可越长大越不听话了，脾气很暴躁，经常在家发火。

他爸爸因为工作的关系，常年在广州，每年只有寒暑假时一家三口才会团聚。孙林和爸爸相处的时间短，彼此没多少共同话题。爸爸总是敷衍孙林，这种沟通方式让孙林极度厌恶，以至于他讨厌接爸爸的电话。孙林妈妈经常出差，为了方便联系，就给孙林买了个手机。可早上充的话费，下午手机就停机了。孙林妈妈出差回来后对儿子说："给你买手机是希望我们能保持联系，不是让你拿来打游戏的，你的心思应该放在学习上，否则妈妈宁可不给你买手机。"谁知，孙林将手里的手机使劲摔到地板上，并用脚猛踩："谁稀罕你的破手机，充不起话费别给我买。"说完，摔门而去……孙林喜欢跆拳道，从小就学习。可自从因为玩游戏和同学发生矛盾，把同学打进了医院，妈妈就不准他学习跆拳道了，怕他以后用更极端的方式伤害别人。妈妈还把家里的网线通了，让孙林在家里上网，这样他起码不出去惹事。但孩子上网没有节制，经常晚上两三点还不睡觉，催他还嫌烦，成绩也一落千丈。孙林妈妈给儿子下了最后通牒："你如果再这样上网没节制，你就永远别想玩游戏。"话音刚落，孙林一拳就把电脑砸了："你要敢断网，我就把家里的东西全砸了。"说着，他就开始摔家里的东西。

父母在意识到孩子问题的严重性后，开始采取措施。爸爸坚持半个月回一次家，每次回来都要和孙林进行一次男人之间的谈话，聊聊工作、烦恼等，拉近了父子间的距离。孙林妈妈允许孙林继续学习跆拳道，找回了特长的孙林也愈发自信。在全家共同努力下，孙林的叛逆行为渐渐消失，和父母的关系也越来越融洽。

青春期的叛逆问题不是突发的，此类问题多是在家庭氛围的影响、教育方式有偏差等情况下，逐渐累积出来的。孙林长年缺少父爱，妈妈最看重的是他的学习，孙林身上承担着巨大的学业压力。家庭教育的缺失，再加上身边没有可以倾吐心声的朋友，于是，“叛逆”成为孙林发泄的出口。

叛逆行为虽然会让家长感到苦恼，但这种行为背后映射的是孩子独立思考的意识，它在一定程度上也代表了孩子成人意识的觉醒。只要家长发现问题根源所在，并不断反思、尝试改变，那么问题一定会迎刃而解。

教子有方小课堂

1. 对症下药

叛逆行为背后映射的是孩子的成长，从孩子人格发展上看，叛逆是一个良好的开端，但好的开端并不等于最后结果就一定是好的，也不意味着家长对孩子的叛逆可以采取观望的态度。家长处理得当才能让孩子在叛逆中得到真正的成长。

即便处于叛逆期，不同孩子的表现方式也是不同的。在研究如何帮助孩子顺利度过叛逆期之前，家长需要了解孩子的叛逆类型，对症下药。青春期孩子的叛逆行为，主要有三种类型：

暴躁型 —— 对长辈的要求强烈抗拒，经常和家长吵架或发脾气；

沉默型 —— 不愿意沟通，对事情毫不在乎，对家长的话无动于衷；

阳奉阴违型 —— 当着家长的面同意他们的要求，行为上却故意反着来，我行我素。

对不同类型的叛逆行为，家长可以采取不同的方式。对待暴躁型叛逆的孩子，不能和孩子硬碰硬；对待沉默型叛逆的孩子，需要家长静下心来，耐心沟通；对待阳奉阴违型叛逆的孩子，要让孩子感受到家长的真诚，将心比心。

2. 肯定孩子的成长

当孩子有叛逆行为时，家长不要将其视作对自己权威的挑战。相反，要善于发现孩子的变化，要承认叛逆行为是孩子逐渐长大的表现。大多数叛逆期的孩子，都已经厌倦了家长的批评，长期在一个得不到肯定和认同的环境里，反而会加剧孩子的叛逆。

家长需要辩证地看待孩子的叛逆行为，不要一味地否定，要对孩子的独立意识、自我探索加以肯定。叛逆的孩子在不断得到家长的肯定和鼓励后，会慢慢敞开心扉，减少对家长的排斥和对抗行为。

3. 调整相处方式

叛逆意味着孩子渴望独立自主，它的出现不仅是在提醒家长要及时调整和孩子的相处方式，也说明了家长此前和孩子相处方式的错误。当孩子身上发生叛逆行为时，家长与孩子的相处方式应从主导转变为陪伴。陪伴是指家长尊重孩子的意见和想法，给孩子相对自由的空间。这对于孩子来说，是一种无声却有力的支持。

根据心理学的研究，权威型家长最有利于青春期问题的解决及孩子健全人格的发展。权威型家长在和孩子的相处上，最大的特点是“恰当要求、恰当反应”，在提出要求时会充分考虑孩子的需求和态度。这样的相处方式会在一定程度上减轻叛逆期孩子的压力，久而久之，孩子的叛逆心理也会减弱。

第二节　积极处理同伴关系

小学阶段是孩子社会化和形成交往能力的重要时期，而目前小学生中独生子女占比较大，如何帮助孩子处理和同学、同伴之间的关系就变得至关重要。

有一个学期，乔乔和一个胖胖的男生做同桌。据乔乔说，这个孩子上课爱讲话，而且不太爱洗澡，身上有点气味。我问她：“班里是不是还有像这个男生一样的同学？”

乔乔说：“就两三个。老师说他们不能坐在一起，必须分开，否则会影响课堂秩序，影响全班同学。”

孩子不是觉得自己被影响了，而是觉得自己没有得到老师的公平对待。于是我接着问她："那如果是你来安排座位，你会怎么做呢？"

乔乔想了想，说："我会让他们单独坐前面，这样他们就没机会讲话了；但是也不行，因为他们太高了会挡住后面的同学。那就安排他们和认真听课的同学一起坐，这样他们也聊不起来了。"

"哇，原来老师是希望你用这样的方式来帮助他啊！"

"上课认真听课这个我倒是可以帮他，可是他不爱洗澡我怎么帮助他呢？"

"嗯，这个不太容易。如果你尽力了，但是仍然帮不到他，你也要及时跟妈妈或者老师说，好吗？这样我就知道你是可以独自面对还是需要妈妈的帮助。"

"我先试试吧，我跟他说必须每天换袜子，不然太臭自己不舒服。"

"嗯，妈妈看到你在努力适应新同桌，并且在尝试怎么和他和睦相处。"

"唉，谁叫老师给了我这么大一个任务呢？"

进入小学后，孩子会遇到不同性格、习惯、想法的同学，所以孩子要学会找到合适的方法与他们和平相处。故事中，得知孩子不喜欢新同桌时，乔乔妈妈并没有急于帮孩子解决问题，而是首先了解孩子的感受，安抚孩子的情绪，并且引导孩子遇到事情要换位思考，体谅他人；随后又从事情中寻找积极的一面，引导孩子自己积极面对问题，并告诉孩子可以寻求帮助。故事中的家长十分有智慧，用这样积极正向的方式引导孩子自己处理与同学之间的关系，帮助孩子在解决问题中获得成长。

教子有方小课堂

1. 教育孩子尊重他人

无论是成年人还是孩子，在社会交往过程中都希望得到相应的尊重，而这种尊重很多时候表现为礼貌和愿意倾听他人讲话。因此，家长应教育孩子，和同龄人相处时要有礼貌，比如需要向同学借东西时，应征求对方的意见，尊重对方的意愿。同时，应该告诉孩子在和同伴交流时，要认真倾听对方谈话，保持良好的沟通，让对方知道自己被重视，知道彼此的沟通是有效的。只有让对方感到被尊重，关系的建立才有了一个良性的开端。

2. 让孩子学会换位思考

换位思考，是建立良性人际关系的重要方法，也应该是孩子在成长过程中树立的意识。想要孩子在同伴关系中具备换位思考的能力，家长首先就要用同样的方法对待孩子。比如，在和孩子发生分歧时，不要凭借家长的权威去批判孩子，更不要用成年人的目光审视孩子，而是要尽可能地去理解孩子的想法，站在他的角度思考问题。只有孩子曾在家长那里体会到体谅他人、换位思考所带来的快乐，孩子才会在交往过程中以同样的方法去对待同伴。

3. 引导孩子以积极正面的方式解决和同伴间的矛盾

学校是一个集体，而这个集体中的成员又来自不同的家庭，他们的性格、习惯、思维方式都大不相同，因此这些成员在相处过程中产生矛盾和摩擦是不可避免的。作为家长，当孩子在学校和同伴产生矛盾时，一定要理智看待这个问题。首先，在了解情况后，家长应该帮助孩子分析矛盾产生的原因，并且引导孩子反思自己在这个事件中的不足；其次，鼓励孩子自己寻找解决问题的办法，并陪伴孩子去实践自己的设想；最后，及时总结，帮助孩子成长。

第三节　不断优化饮食结构

长期从事儿童营养学研究的丁宗一教授认为：“儿童的生长发育离不开饮食所提供的营养，营养不仅与生长发育密切相关，而且对劳动能力和智力发展也具有明显的影响。”因此，合理的膳食、均衡的营养对于儿童的生长发育来说至关重要。随着生活水平的提高，人们餐桌上的食物种类不再单一，品类越来越丰富，但生活水平的提高和经济条件的改善并没有消除儿童在饮食上挑食和偏食的问题。如何解决孩子的挑食和偏食问题，如何优化孩子的饮食结构，如何让孩子在饮食中摄取生长所需的营养，成为很多家长关注的焦点。

明明和亮亮是一对双胞胎，他们两兄弟不仅有着同样的外表，在一些生活习惯上也很相似。但他俩在饮食上都存在着严重挑食的行为，每餐吃的食物也非常单一。在肉类的食用上，两个孩子对于鸡肉、鱼肉、猪肉都十分抗拒，此外，食用青菜的量也非常小。据他们的妈妈说，两个孩子在家吃饭时，大人会尽可能配合孩子的口味来制作食物，以此希望两个孩子能多吃一点，保证营养的供给。孩子妈妈还透露，两个孩子在学校用餐时也有着明显的挑食和偏食问题，遇到不可口的菜时，孩子吃得特别少，有时甚至只吃白米饭来填一填肚子。更多的时候，孩子只吃其中一种或者两种菜，其余的基本不吃。孩子下午饿了，就撑到放学，等放学回家后，让奶奶做一些爱吃的饭菜。

为了不让孩子挨饿，妈妈先后想了很多办法。比如给孩子多带一些简餐，确保孩子不会挨饿；和老师申请让家里老人给孩子送午餐，以确保孩子在午餐上能够摄取足够多的营养。但令人沮丧的是，孩子的挑食和偏食问题并没有得到改善。后来在和老师的沟通中，妈妈开始反思自己之前的做法。这些做法虽然是保证了孩子不挨饿，但是并没有从根本上帮助孩子建立起良好的饮食习惯，并没有解决孩子饮食结构失衡的问题。于是，在不断的摸索中，妈妈开始注意家里其他人的饮食习惯，并让饮食习惯健康的家人做孩子的榜样，在孩子心理上树立均衡饮食的意识。在饭菜的准备上开始出现更多的样式，不再以孩子的口味为主，并且鼓励孩子尝试更多的食物。这样坚持一段时间后，两个孩子的挑食和偏食问题得到了一定程度的改善。

故事中的妈妈在面对两个孩子的挑食和偏食问题时，最开始采用的办法是迎合孩子的口味，希望孩子不会饿肚子，但是很明显，这对孩子并没有明显的帮助。后来，这位妈妈意识到孩子饮食结构失衡的严重性，所以开始从根源上帮助孩子树立合理饮食观念，同时也注意丰富菜肴的样式，引导孩子走出饮食结构失衡的误区。有观念上的改变，有方法上的指引，用耐心和爱陪伴孩子，这才是帮助孩子优化饮食结构的不二之选。

教子有方小课堂

1. 家长应具备合理膳食的意识和知识

家长对孩子起到的榜样作用十分重要。小学阶段的孩子对世界的认知十分有限，更多的是通过亲近之人的行为来加深对世界的认识，因此孩子很容易模仿家长的行为。在饮食问题上，也是如此。很多家长自身就存在挑食和偏食的问题，没有合理膳食的意识，在家庭交流时会无意识地流露出对某些菜品的不喜欢，这对孩子的影响是十分大的。因此，家长首先应树立合理膳食的意识，为孩子在饮食习惯上树立榜样。其次，家长应具备合理膳食相关的知识，了解每种食物含有的营养成分，在制作饭菜时要兼顾人体所需的营养，避免单一的饮食结构，从而为孩子的生长发育提供充足的营养。

2. 帮助孩子合理地选择零食

随着经济的发展和生活水平的提高，家长给孩子准备了很多正餐之外的食物，也就是零食，以满足孩子对于不同口味食物的需求。零食的品类繁多，很多零食含有人工合成添加剂，一旦食用过多，孩子的健康会受到影响。因此家长在选择零食时，首先应帮助孩子选择健康的零食。比如坚果，这样的零食既可以提供一定的饱腹感，又可以提供饭菜里没有的营养元素。其次，家长应避免孩子对零食的过度食用。很多孩子吃零食过量，饱腹感过强，到正餐时间已然没有了食欲。这样不仅会破坏孩子正确的饮食观念和习惯，还有可能对孩子的肠胃造成影响，造成胃肠功能紊乱。

3. 鼓励孩子多多尝试不同种类的食物

当孩子存在挑食和偏食的情况时，家长千万不要强迫孩子吃掉某种食物，这样容易引起逆反心理，让孩子对那种食物产生负面印象，从而加重孩子的挑食和偏食行为。在家庭用餐时，家长要努力提供一个尽可能舒适放松的环境，让孩子放松下来，并鼓励孩子尝试不同种类的食物。家长可以向孩子描述你所感知的食物味道，让孩子对其产生一定的好奇心。在孩子开始尝试其他食物时，要及时表扬，正向强化这种行为，让孩子在愉悦中接受不同种类的食物。即便孩子的用餐习惯没有达到你的期望值，也不要沮丧，良好饮食习惯的形成也是需要时间的。我们能做的就是用耐心和爱心陪伴孩子用餐，鼓励他尝试不同种类的食物，逐步建立合理的饮食结构。

第四节　培养良好运动习惯

让孩子茁壮成长，是全社会的共同心愿。在为孩子的成长注入体育基因、塑造健康文明生活方式的过程中，学校、家庭、社会等环节缺一不可。营造良好的家庭体育氛围，再加上社会多方力量共同参与，体育运动才能更好地融入孩子们的生活。

一位妈妈看到10岁的小儿子爱赖床、常生病、体质差，缺少本该属于这个年龄的朝气、活气和精气神。于是就想各种方法让自己的孩子动起来，养成日常爱运动的习惯。这位妈妈做了以下努力：

1. 制订了严格的作息时间表。晚上在规定的时间就寝，早晨在规定的时间起床，每天在规定的时间进行体育锻炼，让孩子形成自己的“生物钟”。

2. 制订了科学合理的运动内容。这位妈妈选择了跑步这一项运动，并变着花样鼓励孩子坚持下来，比如坚持20天就奖励乐高玩具，坚持100天就奖励一辆玩具车等。

3. 相信榜样的力量。她通过向孩子讲述姚明、刘翔、王军霞等运动员的事迹，让孩子树立榜样意识并积极向榜样学习。

4. 坚持以身作则。孩子每天跑，她也跟着跑，她鼓励孩子坚持，孩子最后也在她的陪伴下变得更健康了。

3个月后，孩子开始主动跑步，不用再靠妈妈催促、陪伴，并且孩子变得活泼开朗，有活力、有朝气了。

小学中高段正是孩子长身体的关键时期，对处于生长发育期的孩子们而言，体育运动锻炼是十分重要的。家长们应该有效督促孩子坚持运动，创造各种条件培养孩子运动的技能和习惯，为孩子未来的人生之路奠定扎实的身体基础。

教子有方小课堂

1. 激发孩子的运动兴趣

体育运动不仅是对身体素质的锻炼，更是对精神和意志的锻炼。该怎么让孩子爱上运动，坚持运动呢？

俗话说“兴趣是最好的老师”，只有让孩子对运动项目本身产生兴趣，才会在接下来的运动中产生持续的信心和力量。因此，家长可以提供形式多样、内容丰富的运动项目让孩子尝试，以帮助他找到真正感兴趣的运动项目。

2. 选择适合孩子的运动项目

在不同的年龄阶段，青少年的心理素质和身体条件都有所不同，能够进行的运动项目也会发生变化：青春发育初期，体育锻炼宜选择以灵敏性、协调性和柔韧性为主的活动，如健美操、乒乓球、武术、跆拳道、跳绳、跳皮筋等。

家长还要根据孩子自身的体质状况选择适合的体育运动项目。

生长发育正常、身体健康、体质状况良好、有一定锻炼基础的青少年，可以选择运动量较大的项目锻炼；如果体质较弱或健康状况有缺陷的孩子，则应循序渐进地进行医疗性质的体育活动，选择一些运动量较小的锻炼项目，以达到增强体质的目的。

3. 参与孩子的体育运动

如今，很多家长都意识到培养家庭体育文化、营造体育氛围的必要性，但想让孩子爱上某项运动，家长共同参与至关重要。例如，当孩子玩排球时，如果只是一个人颠球肯定会觉得枯燥乏味，这时就需要家长参与到孩子的运动当中，和孩子一起练习。长此以往，不光能在运动中增进亲子感情，更能使孩子感受到体育运动的快乐与魅力，并养成良好的运动习惯。

第四章　强化安全教育

安全，是人们正常生活的基本要求，也是孩子健康成长的根本保障。从进入三年级开始，孩子真正进入到小学中高段，生活范围扩大，独立意识增强，好奇心和求知欲旺盛，无论什么事情，都愿意自己去尝试、去探索，但伴随着孩子成长，各种危险事件也极易发生。这一阶段是最适宜也是最有必要强化孩子安全教育的时期，此时孩子最易接受安全指导，并且将这种指导转换为自身的行动，更易养成良好的安全习惯。

本章从日常生活中常见的安全问题入手，从户外运动、交通安全、校园欺凌等角度为孩子织起一张安全网。

第一节　注意户外运动安全

户外运动，顾名思义是指在户外环境中开展的各类运动，多样的户外运动正受到越来越多孩子和家长的青睐。孩子在户外运动中能够增强体质、放松身心，但与此同时，活动的空间广阔了，接触的事物更加复杂多样，存在的危险因素也就增加了。因此，对小学中高年段的孩子进行户外运动安全教育，十分有必要。

不管什么运动肯定有危险。越是危险，越要把专业的防护做充足，而不是害怕参与。对家长来说，不能盲目跟风，看别人家的孩子攀岩了，自己也买点装备带着孩子就上。实际上，户外运动入门是有要求的。大家觉得周末带孩子爬个山很简单，背个小包拿两瓶水就行。本来预计天黑前能下山，但需要赶夜路、没有光源怎么办？没带多余的食品怎么办？天气突然变化怎么办？

家长一定要具备一些专业知识和能力。出发前做好充分准备，带上应急的物品、备份的食物、衣物和急救小工具，这些看似烦琐，但真的遇到问题时，能有应对措施。要以应对这个季节、这条线路上会发生的最恶劣、危险的情况来准备，做最坏的打算。

户外运动往往充满了挑战与危险，在这之中，家长应该起到“保驾护航”的作用，应当注重培养孩子“安全第一”的意识。同时家长也应当具备一些专业知识，只有这样，才能让孩子在户外运动中安全地放松身心。

教子有方小课堂

1. 做好户外运动准备

孩子在户外运动时，多是进行全身性运动，活动量较大。而小学中高段的孩子年龄较小，身体协调性相对较差，因此，为了保护孩子的身体安全，首先应保证孩子的着装安全。例如，穿上合身的运动服、舒适的运动鞋（如果有鞋带，要提醒孩子注意鞋带是否松散），确保孩子的衣服上不带有尖锐物体，以防出现扎伤、划伤、割伤的情况，此外，尽量不要佩戴金属或者玻璃等装饰物，必要时可以为孩子准备护膝等运动防护装备。

2. 加强户外安全意识

在孩子进行户外运动前，家长应提前强化孩子的安全意识，多对孩子进行安全教育。例如，不要去危险的地方；不要随便单独活动，应结伴而行等。

此外，孩子在进行户外活动时，多数会与其他伙伴一同玩耍、游戏，此时家长要抓住机会，注意孩子规则意识的养成，鼓励孩子友好地与他人相处，学会相互帮助。

3. 防范户外运动风险

孩子在户外运动时，作为家长，首先要确保孩子运动场所的安全性。家长应仔细观察户外运动的环境，测试运动设备以及器具安全，及时帮助孩子清除掉运动场所的各种隐患和障碍，在这个过程中，家长的示范做法，也能加强孩子的安全意识。

另外，正如前文所说，家长和孩子都应当具备一定的急救知识，例如常见的流血、骨折、小腿抽筋、扭伤等突发情况的处理方法，在户外运动受伤时，可以第一时间进行自我救护。

第二节 培养自我保护能力

家长对孩子的爱，不仅仅体现在保护他们不受伤害，更在于教孩子学会保护自己的安全和健康。生活中，家长不可能时时刻刻陪伴在孩子身边，自我保护才是孩子健康成长必须具备的能力，是孩子独立生活的可靠保障。

12岁的张明一时间成了学校和社区的榜样小学生。假期里，张明独自在家时客厅失火，他立刻躲进卫生间，把门关上，打开淋浴，对准门缝喷水，然后从卫生间窗户呼救求助。视频传播到网络后，网友纷纷点赞张明“教科书般的紧急自救”。

处于小学中高段的孩子，身心发育还未成熟，平日在学校有老师的保护，在家中有家长的保护，但是这种来自他人的保护远不如孩子学会自我保护重要。家长要及时对孩子进行自我保护的安全教育，提高孩子的自我保护意识，掌握自我保护的方法。这样，孩子一旦遇到危险就能够有效地保护自己。

教子有方小课堂

1. 引导孩子树立自我保护意识

作为家长，首先要让孩子明确安全第一、生命第一，没有什么比生命更珍贵；要让孩子懂得，生活中不仅有好人也有坏人，生活中不仅有安全也有危险，要让孩子树立自我保护意识，时刻提高警惕。

2. 教孩子掌握自我保护的方法

家长对孩子的自我保护教育应该是随时随地的，应及早对孩子进行自我保护的安全教育，教会孩子一些自我保护常识，如教会孩子遇到陌生人带来的危险时要大声呼救并尽量远离，一方面可以吓走坏人，另一方面可以尽快让周围人提供帮助；让孩子们记住背心、短裤覆盖的地方不许别人触摸；提醒孩子不要单独外出或独自到偏僻、荒凉的地方；等等。

3. 及时关注孩子身心变化

小学中高段的孩子，在遇到自己无法处理的问题或事件时，往往情绪变化较为明显，作为家长，在日常生活中要关注孩子的情绪变化。通常情况下，受到侵犯、欺负的孩子是不愿意自我表达的，当孩子近期出现过多类似于紧张、恐惧或者沉默的状态时，要注意方式方法，及时地询问孩子缘由，为其提供帮助。

在平时的生活中，家长也要经常与孩子交流，向孩子传达一种态度：无论发生什么事情，家长都是他最坚强的依靠和后盾，如果遇到骚扰或者威胁，一定要及时、如实地告诉家长。同时家长也要做到，当孩子向自己诉说心事时，耐心倾听，让孩子明白并且相信家长是可信的，是关心他们的。

第三节　切实遵守交通规则

“道路千万条，安全第一条。”小学中高段的孩子学习并切实养成遵守交通规则的好习惯，是保证自身生命安全的必要举措，也是维护社会秩序的重要举措。

为了耍酷，刚满12岁的小帅和自己的好哥们在马路上骑着共享电动车“飙车”，大吼大叫，甚至看见行人也毫不减速，让人看得心惊胆战。由于太过危险，小帅等人很快就被当地交警给拦截，交警还约谈了孩子家长和教育局、学校的相关负责人。交警首先明确地告诉小帅一行人，根据《中华人民共和国道路交通安全法实施条例》，驾驶电动自行车必须年满16周岁。小帅一行人追求刺激，花式骑车、道路上追逐炫技，很容易酿成悲剧。

现实中，很多家长没有意识到未成年人骑电动车的危险，甚至对“驾驶电动自行车必须年满16周岁”的规定并不清楚。小学高年级的学生已经能够学会驾驶电动自行车，因此不少家长认为孩子已经比较成熟、相对独立，不仅对孩子骑电动车的行为未加干预，有时还为孩子的出行提供了扫码骑行便利。不要忽视言传身教的力量，学校反复宣传教育有时难抵家长错误示范的破坏力。所以，家长不仅要配合学校加强对孩子出行安全的教育，还要以身作则遵守交通规则，让孩子在潜意识里形成遵守交规和注意交通安全的自觉。

小学中高段的孩子还是未成年人，由于其心智发展尚不成熟，喜欢追求速度和刺激又往往不计后果，因此道路安全教育必须常抓，不能松懈，学校、家长和相关交通安全部门要齐心打造良好的交通安全格局。

维护未成年人的交通出行安全，不光需要家长帮助孩子树立交通规则意识，养成遵守交通规则的好习惯，还需要社会合力，共同铸造出一张保障孩子出行安全的大网，以“幸福小家”来“造福万家”。

教子有方小课堂

1. 注意言传身教，形成榜样力量

家长要成为孩子交通安全的引路人。在日常生活中，我们经常能观察到这样的现象：家长教育孩子要遵守交通规则，但有的时候家长为了争取零碎的时间，拉着孩子一起闯红灯。小学中高段的孩子具有较强的行为模仿能力，而家长的行为、习惯对孩子更是有着潜移默化的影响，家长带头漠视交通规则，往往会导致孩子对交通规则的不重视，酿成人间惨剧。

2. 指导孩子规范细化交通行为

家长需引导孩子认真学习交通安全法规，让孩子知危险、会避险、遇到危险会自救。家长可以和孩子一起学习，结合大量交通事

故的案例，从纠正交通知识误区、强调不良交通行为习惯、列举交通违法行为等方面入手，结合相关交通法规，向孩子普及常见的交通安全常识，引导孩子自觉遵守交通规则，做到安全文明出行。同时，家长可以引导孩子学习一些实用的自我保护措施，包括遇到交通危险之后的自救常识，遇到他人发生交通危险的行为反应等，指导孩子规范细化交通行为，做好自身防御，减少交通事故的发生。

第四节　理性面对校园欺凌

理解校园欺凌这一概念，需要从发生的主体、地点、频率、手段和伤害程度等多角度进行解读。从发生主体来看，由于年龄小、不成熟、心智尚不健全，校园欺凌的双方多为中小学生，关系一般为同班同学、同年级同学或者同校同学；从发生的地点来看，校园欺凌多发生在校园内、校园周边或者是受害学生的活动轨迹处，场所多较为隐秘，少数发生在公共区域；从发生的频率看，校园欺凌的频率呈现出多次；从发生的手段来看，一般为通过肢体接触、言语侮辱或者网络暴力等多元手段；从伤害程度来看，造成的多为被害人的身体和心灵的双重伤害。因此，面对校园欺凌，学校、社会和家庭要形成教育合力，防微杜渐，从根本上杜绝这一现象，让孩子在校园健康成长。

六年级的小芳与然然是同桌，在同学眼中，她俩亲如姐妹。小芳成绩优秀，性格有些内向，而然然性格开朗，人缘很好。和然然在一起，内向的小芳总是很开心。期中考试就要到了，然然对小芳说："我觉得数学好难，好担心考不好，考试的时候你把试卷给我抄一下，好不好?"小芳很犹豫，觉得这样不是真正地帮助好朋友，就对然然说："你不用抄我的试卷，我们一起复习，有不懂的地方我教你。"没想到然然却因此生气了，说道："你不给我抄就算了。亏你还是我最好的朋友，这点忙都不帮我。上次我让欣欣帮我写暑假作业，她马上就答应了。我不和你玩了，我和她玩。"此后，然然不仅不再理睬小芳，还带动其他同学排挤小芳，甚至故意说小芳的风凉话。小芳很难过，认为是自己没有答应然然的要求才失去了这样的好朋友，早知道这样，当初不如让然然抄一下试卷算了。看着开开心心说笑的同学们，每天上学成了小芳最痛苦的事，有时她甚至不想去上学了。

有研究显示，语言欺凌是我国校园欺凌的主要形式。其行为发生率明显高于身体及网络欺凌行为。

校园欺凌危害每一个孩子的身心健康，究其根源，是孩子之间的相处出现了问题，也是欺凌者的身心健康出现了问题。为此需要家长、教师和学校形成合力，将这一现象扼杀在摇篮之中，同时也需要每个孩子勇敢向校园欺凌说"不"。

教子有方小课堂

1. 正确认识校园欺凌及其带给孩子的身心影响

首先，校园欺凌发生时，很多家长往往会忽略，觉得是孩子们之间的“打打闹闹”，家长本身对于校园欺凌的界定不清往往导致孩子也觉得这是正常的玩闹行为，从而模糊了对于正常交往的定义，孩子对于欺凌也选择忍气吞声，所以这就需要家长在情况发生之初学会甄别。其次，家长要了解校园欺凌对孩子的人际交往以及世界观、人生观、价值观的影响是深远且持续的，通常会造成短期或长期的应激障碍、畏惧人群等心理创伤。

2. 和谐健康的家庭氛围是远离校园欺凌的天然屏障

和谐的家庭氛围体现在家长的亲密关系、与孩子的良好关系上，如果一个家庭家长有爱、兄友弟恭，那么培养出的孩子也会是一个内心温暖、积极向上的人。同时，家长应该多陪伴孩子，多关注孩子的在校情况、在校情绪和人际交往，和谐友爱的亲子关系能够帮助孩子消除内心焦虑，也能减少问题孩子的攻击性行为，防止校园欺凌的发生。

3. 指导孩子掌握一些应对校园欺凌的方法

如何应对校园欺凌？家长可以给孩子提供如下指导：

（1）在校期间不要主动挑衅平常行事较为霸道和蛮不讲理的同学。

（2）上学、放学期间如果没有家长陪伴，尽量和自己的小伙伴结伴而行，不要独自前往僻静、人少处，按时回家，尽量不落单。

（3）遭遇校园欺凌时不要惊慌，不要逞强，尽自己能力拖住对方，使用策略性语言保护自己，不要激怒对方，争取求救的机会。

（4）一定要多跟老师、家长进行沟通，不要忍气吞声。

第五节　自觉抵制毒品诱惑

青少年由于强烈的好奇心和薄弱的自制力，很容易被贩毒人员盯上。鸦片战争带给中国的屈辱恍如昨天。正所谓少年强则国强，因此，对青少年进行拒绝毒品诱惑的教育是学校、家庭乃至社会教育的一项重点工作。

阿冰年幼时母亲病亡，父亲忙于生计无暇照管他。小学快毕业时，阿冰无心升学，在乡里游荡时结识了几个“哥哥”，每天混在一起玩。一天，一个“哥哥”递给他一根烟，诡秘地笑着说：“你试试吧，味道很不错。”阿冰想，不就是一根烟吗，吸就吸呗。谁知道那烟里有毒品成分，吸了几支后，阿冰就上瘾了。

毒品其实离我们并不遥远。我国近几年吸毒人口中青少年所占比率达 80％左右。故事中的阿冰最初是模仿大人吸烟，把这种错误的行为当作是一种帅气的表现。正是他的这种行为让坏人有了可乘之机。而且现在随着科技的不断发展，新型毒品层出不穷，正在渗透青少年的日常生活。家长应该帮助孩子擦亮双眼，学会甄别，让孩子充分认识到毒品对人的重大危害，不断提高自我保护意识和能力，从而远离毒品的侵害。

教子有方小课堂

1. 帮助孩子学会甄别新型毒品

近年来，各种极具迷惑性、伪装性的毒品不断出现，毒贩甚至将魔爪伸向了学生。被黑心毒贩精心包装变身为“跳跳糖”“奶茶”“巧克力”的新型毒品出现在市场，严重混淆了青少年的认知。学生在强烈好奇心的驱使下，一不小心就会坠入万劫不复的深渊。因此，家长要多向孩子普及毒品知识，提醒孩子不要购买“三无产品”，引导孩子学会甄别新型毒品，从源头上远离它。

2. 培养孩子抵制诱惑的能力

对于涉世未深的孩子来说，拥有抵制诱惑的能力是立足社会、健康成长的基本保证。家长要帮助孩子认识到为什么要抵制诱惑。一旦没有对诱惑说“不”，那么人的欲望就会无穷无尽，沾染不良的习惯风气，由此产生的后果不但会危害自身，也会对他人产生不良影响。另外，家长要教孩子抵制诱惑的方法，这需要从孩子自身和外界两方面进行引导，包括要抵制自己不健康、不正确的想法以及学会远离、拒绝外界诱惑等。

第五章　提高媒介素养

我们这里说的媒介素养侧重的是对于信息的判断和理解能力。在这样一个网络时代，小学中高段孩子会不可避免地接触到一些媒介，如手机、电视、平板电脑等。因此，提高孩子们的媒介素养成为许多家长非常关心的问题。

本章从日常生活中常见的问题入手，探讨如何引导孩子合理规划触网时间，防止沉迷网络游戏，学会辨别媒体信息等；同时探讨如何引导孩子充分利用网络提升自己，构建一个科学的家庭媒介环境。

第一节　合理规划触网时间

在网络世界中，有许多不确定因素吸引着孩子的好奇心，家长只有正确引导孩子使用网络，合理规划上网时间，才能让孩子健康生活、专注学业。

俊俊是一名六年级的学生，他从三年级开始就会用零花钱购买游戏装备及升级。后来，为方便上学，俊俊住到姑妈家，每天与父母通电话或视频，周末才回家。姑妈一家人对他很疼爱，给他安排了独立的房间，还配备了电脑，方便他学习、查资料。没有了父母的监督，俊俊每天晚上10点准时约朋友上线玩游戏，有时玩到深夜2点。因睡眠不足，他上课常打瞌睡，有时还会走神琢磨游戏的破解技巧，因此经常回答不出老师的提问，学习成绩也不断下滑。

经过和俊俊家长的沟通，老师了解到俊俊从幼儿园开始就接触了电脑游戏，课余时间喜欢玩游戏，家长有监管，但没有监管到位，导致俊俊失去了约束力。

小学阶段的孩子时间观念较为淡薄，容易在网络世界中迷失自己，家长应该先让孩子正确认识网络，再引导孩子认识到时间的重要性，并规定好上网时间。

教子有方小课堂

1. 规划孩子网络使用时间

家长要培养孩子的时间观念，引导孩子认识到，时间是我们最宝贵的资源。

家长可以和孩子一起商定、设置屏幕使用时间（手机、平板电脑、网络电视、游戏机等上网的载体时间，统称为屏幕时间），并共同完成一个上网时间规划表，然后督促孩子严格遵循时间规划表。

2. 引导孩子正确认识网络

由于小学生年龄小，辨别是非的能力较弱，很容易受网络中一些不良信息的影响。当孩子使用网络时，让孩子明确使用网络的目的是完成学习任务。同时，家长也要以身作则，不要在孩子面前过度地使用手机，要多花时间陪伴孩子。当孩子使用网络时，可以给孩子推荐一些健康、文明、适合少年儿童进入的网站。

3. 合理利用“青少年模式”

从 2019 年开始，“青少年模式”开始在我国各大视频平台上线。青少年模式下，微信支付中除手机充值、城市服务等几个基本功能外，其他生活服务、交通出行和购物消费类的功能全部禁用。除此之外，还有内容权限、搜索功能和时段、时长方面的限制，从很大程度上预防了不良网络信息对青少年的危害。

第二节　防止沉迷网络游戏

随着互联网的发展，青少年群体已经占据了网民的绝大多数。除了正常的聊天、学习外，网络游戏是十分受青少年欢迎的网络服务之一。但青少年沉迷网络游戏，会对他们的身心健康造成极大的危害。因此家长要正确地引导孩子，尽量减少网络游戏对孩子的不良影响。

小刚是一名小学四年级的学生，特别喜欢玩手机和电脑。一天，他在浏览网页信息的时候，看到一个游戏广告，觉得好玩就点了进去。玩了一会儿，他觉得这个游戏非常有趣，不仅可以与其他玩家自由交流，而且还可以在游戏中自由搭建自己的领域。渐渐地，他发现在这个游戏中需要采取一些暴力的手段才能保住自己的领地。他开始逐渐沉迷于这样一种争夺的过程，无心学习，成绩逐渐下滑，也不再喜欢与人交流。小刚的父母发现了他的异样，采取了沟通交流甚至强制的方法想让他戒掉这个游戏，但是效果都不理想。

青少年沉迷网络游戏已成为社会焦点问题，它事关千百万青少年的身心健康，事关千百万家庭的和睦幸福。处于小学中高段的孩子，接触网络世界时间不长，作为家长，我们有责任和义务让孩子认识到网络游戏的危害性，帮助孩子正确使用网络。

教子有方小课堂

1. 加强孩子身心健康教育

小学中高段是孩子身心发展的关键时期，他们渴望关心和关爱。有的孩子长期得不到家长的关心与关爱，所以沉迷网络游戏，造成了心理障碍，危害了身心健康。作为家长，我们应该时时刻刻关注孩子的身心发展，定期与孩子进行心理沟通，认真聆听孩子的想法。我们还可以适当引导孩子和他人接触，鼓励孩子与同龄人一起学习、玩耍，让孩子学会如何与人相处，这样有利于促进孩子健康成长。

2. 转移孩子的注意力

当孩子沉迷网络游戏时，如果强行禁止，肯定会引起孩子的逆反心理，作为家长，我们可以根据孩子的兴趣试着转移他们的注意力。例如，当孩子完成学习任务后，家长可以带孩子去博物馆、美术馆、图书馆之类的场所，帮助孩子拓宽视野，增长见识，并增加一些户外运动，让孩子在积极健康的活动中逐渐摆脱对网络的依赖。

第三节　引导拒绝黄色信息

黄色信息包括文字、图片、音频、视频，会严重影响未成年人的身心健康发展。引导孩子拒绝黄色信息，对孩子的成长至关重要。

王先生有一个正在上五年级的儿子，今年刚 11 岁。最近，王先生发现他的儿子每天回到家，写完作业之后，就拿上手机回房间了，问他在干什么，儿子就回答在 QQ 上和同学聊天。

和同学聊天也没啥问题，王先生也就没有多想，可有一天王先生偶然看到了儿子的聊天记录，内容让他目瞪口呆。原来他们根本没有聊天，而是在用QQ看色情网站。在仔细考虑之后，王先生报了警。

民警经调查了解到，这些色情网站一般点不开，只能通过群聊，人数够20个人才能进去，里面有不少被骗进去的中小学生。

现在的孩子大多拥有电子设备，接触到的网络信息纷繁复杂，因而获取到不良信息的概率也大大增加。加之他们又正是好奇心旺盛的年龄，如此看来，出现性早熟的情况也就不难理解了。现在很多家长的思维还停留在过去，认为上小学的孩子还小，什么都不懂。可实际上，他们已经是一个“小大人”了，如果家长不能与时俱进，提早跟孩子科普相关的知识，引导孩子拒绝黄色信息，就可能造成严重的后果。

教子有方小课堂

1. 及时与孩子沟通交流

家长要努力与孩子建立相互信任的关系，多用平等的语气与孩子交流。只有这样，孩子才乐意敞开心扉。随着年龄的增长和身体的发育，青少年会对异性产生莫名的好感，这属于正常现象，作为家长可以先跟孩子普及相关知识，之后正确引导孩子，多沟通多交流。

2. 给孩子进行正确的性教育

孩子对异性产生好奇，会追问家长一些如“我和他为什么不一样”之类的问题，但有时孩子换来的不是家长正确的教育以及引导，而是一顿责骂甚至谎言，这反而会让孩子更加好奇。这种时候，家长应该正面与孩子进行沟通，不要回避。家长一定要记住，对于孩子的性教育一定要给予正确的教育以及引导。

第四节　理性对待流量明星

虽说对偶像的崇拜是青春期孩子的一个典型的外在表现，但是它已经影响到了青少年生活的方方面面。有些孩子沉迷追星，已经对自己的生活和学习造成了很大的负面影响，所以，我们要引导孩子理性对待流量明星。

江西12岁女孩小语是一名六年级的女生。因为喜欢偶像S团，她时常会模仿电视剧中的追星情节，上课时抄歌词、画画像，没有心思学习。放学回家后也经常用手机或电脑观看他们的综艺片段，甚至会参与投票打榜、微博骂战等。有一次，她在浏览相关信息时，看到了一个自称是内部信息群的群号，于是便加入了这个群，并且为了领取签名照，加了自称是内部工作人员的微信。在此之后，先后因为签名照、周边礼物和内部信息分享向对方转完了自己过年的压岁钱，并且在对方的诱导下，删除了自己的聊天与转账记录。小语的父母知道这件事后立刻报了警，据小语的父母说，因为不太懂，他们没意识到孩子追星的疯狂，而忽视了对孩子的关注，导致了事情的发生。

追星文化是一把双刃剑。部分青少年思想不成熟，辨别是非的能力有限，他们通常认为他们所追的明星就是他们自己想成为的样子，从而产生盲目崇拜。这就需要家长平时多关注孩子的行为，引导孩子理智追星。

教子有方小课堂

1. 帮助孩子树立明确的人生目标与理想

家长应该让孩子明白“知行合一”的道理，为孩子在成长的道路上创造条件，让孩子多学习，利用知识来充实自己，帮助孩子树立明确的人生目标与理想。当他为自己的理想奋斗的时候，也就没有那么多精力追星了。

2. 引导孩子理性追星

父母不可否定孩子的追星行为，但要告诉孩子，在追星的同时，要学习那些人的优秀品质。许多明星之所以能成名，是因为他们付出了大量的努力与汗水。不少明星的人生道路并不是一帆风顺的，他们身上的良好品质值得学习。如果孩子能理智追星，学习明星身上好的品质，并以此为榜样，在学习和生活中严格要求自己，便能培养他积极奋进的精神；反之，如果孩子盲目追星，不但会荒废学业，更会妨碍孩子树立正确的世界观、人生观、价值观。

3. 培养孩子正确的审美取向

很多孩子追星只是因为那些明星外表出众，这种认识过于片面、肤浅。家长应该告诉孩子，看一个人，不要只看外表，更要注重内心，注重他的品质，心灵美才是真的美。当孩子懂得这些道理后，就能更理智地追星了。

第六章　加强性教育

性教育是生命的教育。小学中高段的性教育对孩子未来人生观、价值观和道德观的形成有重要影响，也与培养孩子的人际交往能力有重要关系。但实际上，家长往往忽视了对孩子的性教育。因为受中国传统文化的影响，不少家长羞于与孩子谈性，有意无意地回避性教育。家长的这种态度也影响了孩子对性的看法。他们会认为“性”是负面的东西，从而产生害怕、抗拒的情绪，不利于孩子的身心健康发展。

本章从小学中高段孩子的生理特点和心理特点谈起，探讨怎样为男孩科学解释遗精现象、为女孩科学解释初潮现象，引导孩子科学面对自身变化并尊重同伴身心变化，教育孩子切实防范性侵行为，识别正确的爱情观，引导孩子健康成长。

第一节　男孩遗精现象

进入青春期的男孩，随着性功能的发育，会在睡眠状态下从尿道排出乳白色的液体，这种现象叫作遗精。遗精是青春期男孩发育的一个重要标志，是一种正常的生理现象，第一次遗精大多发生在

12 岁左右。一般来说，男孩每月遗精 1~2 次，有时稍多几次，均属正常生理现象。

12 岁的六年级男生雷雷从上小学开始就独立睡觉了。一天早上醒来，他发现自己的内裤湿了，床单上也有一滩湿迹，他赶紧喊妈妈。“妈，我尿床了！”雷雷惊慌失措地说。妈妈来到儿子的房间查看，发现青春期的儿子并非尿床，而是遗精了。妈妈想这种事情应该由他爸爸来解释，就只是让雷雷换了衣服，送他上学了。妈妈把儿子遗精的事告诉了雷雷爸爸，让他跟儿子讲讲这是怎么回事，可是爸爸认为雷雷是看了什么乱七八糟的东西，想些不正经的事才会这样。

雷雷因为这件事十分苦恼，上课常常溜号。老师发现了他的异常，经过一番询问，他害羞地告诉了老师事情的原委，老师请校医对他进行了讲解和心理疏导，并和雷雷的家长进行了沟通，才让雷雷打开了心结。

每一个处于青春期的男孩都要学会接受自己身体的变化，包括遗精。遗精是自发的、不随意的反射活动，并不受意识控制，与思想是否纯洁或道德品质好坏没有任何关系。故事中爸爸的反应是不正确的。家长对男孩的性教育不可缺位。

教子有方小课堂

1. 要在尊重的前提下进行适当引导

青春期的男孩子虽然性生理逐渐成熟，但性心理并不成熟。家长与孩子沟通时，首先要让孩子感受到被尊重。当孩子感到被尊重的时候，他的心情是愉悦的、平和的、充满信心的，这样才能让沟通顺利进行，进而让孩子以积极、自然的心态去迎接自己身体的第一个转折点。

2. 适时进行性道德教育

孩子逐渐长大，性心理的成长很重要的一部分是性体验，因此家长要重视孩子的性道德教育、性安全的底线教育。家长要正确地引导孩子，尽量避免让他接触一些色情或者不健康的视频、图片等，避免过度刺激青少年对性的好奇，也要让孩子懂得，任何有关性的行为都需要遵守性道德。

第二节　女孩初潮现象

初潮，又称为初经，是指第一次月经。初潮通常在女孩胸部开始发育后两年出现，少女第一次来月经，是青春期到来的重要标志之一。如果家中有女孩子，家长一定要重视和关注，因为是否正确看待初潮会影响孩子的身心健康，甚至可能会影响孩子的一生。所以，让女孩了解初潮现象，具有十分重要的现实意义。

小亚发现我来月事了。被小亚发现了这个秘密，要是换作妹妹小桃我会编个理由把这件事瞒过去，但是小亚已经10岁了，我想可以和她讲这件事了。

我轻声告诉她："这是我们母女之间的小秘密，不要对别人说哟。"小亚点点头。我告诉她，"这就是月经，可能你已经听说过了。女人身体里有一个生育孩子的器官叫作子宫，随着年龄的增长，子宫也在不断发育，直到她能够孕育新生命。子宫里的内膜每个月都要脱落，再长出新的，内膜脱落的时候会伴随出血，大约持续一周。但是这是正常出血，一点也不疼。"

小亚先前紧张的表情明显舒缓多了，问我："每个女孩都有吗？我也会吗？"我点点头，告诉她："每个女孩都会有。女孩的身体发育表面上的变化容易发觉，内部的变化却不容易发觉。正因为它看不到，所以才更要珍惜自己的身体。而且不光人类，有些动物比如部分猴子也有月经，狗也有月经，但是周期和人的不一样。与生命有关的事总离不了'血'，'血'提醒我们生命的宝贵。来月经的时间每个人都不一样，一般在10到15岁之间，也就是说从小学高段到初中阶段，咱们提前做好准备，现在有很好用的卫生棉，不用担心。"

听我告诉她，来月经很正常，不疼也不会有什么障碍，不光人类，就连某些动物也有月经，小亚仿佛彻底安心了，再也没有什么问题。而且表情里有一丝丝喜悦和甜蜜，因为这个秘密妈妈只和她分享了。

通过妈妈的细心教导，月经不再成为女孩的烦恼和恐惧，而是妈妈与女孩之间的亲情纽带。女孩作为一个“女人”，和妈妈一起分享秘密，害羞但高兴地向最爱的妈妈靠近，女孩该对自己的身体发育有信心和自豪感，从此更加珍惜自己的身体。

教子有方小课堂

1. 细心留意孩子变化

虽然现在的女孩子能从书、杂志、网络等媒体了解到很多相关的生理知识，但这种了解毕竟是有限的。作为孩子最亲近的人，最容易发现孩子身体的变化。孩子遇到这类“麻烦”，最先求助的对象通常是家长。因此，家长应该多与孩子沟通，留意孩子的细微变化。有些异常情况或身体不适，孩子自己未能觉察，或难于表达，如果家长也粗心大意，疏于问询，有可能会导致孩子对经期的一些异常情况处理不当，并忽略一些潜在疾病。

2. 提前科普初潮常识

由于现在的生活条件好了，孩子的身体发育早，近年来少女初潮的年龄不断前移，及早对孩子进行初潮教育甚为重要。当妈妈发现女儿有乳房增大、身体圆润等性成熟特征时，就要为她们讲解一些生理知识。有了这种未雨绸缪的初潮前教育，虽然年龄尚小的女孩未必能完全弄清初潮是怎么回事，但孩子会在心里有一个准备，并且知道初潮并不可怕。

3. 做好初潮来临时的指导

在女孩初潮来临时，家长要及时对孩子做好指导，如怎样更换卫生棉，怎样选择适合自己的卫生棉；还有月经期的注意事项，如勤换洗内裤，注意休息，保证充足的睡眠，避免接触冷水，注意保暖等。

第三节　科学面对自身变化

青春期孩子的自身变化既包括身体变化，也包括心理变化。身体变化方面，由孩子过渡到成人的发育成熟标志是女孩的月经初潮、男孩的遗精。身体的外在变化包括：体型体重（形态发生一些变化，比如瘦高、四肢长）、身高（生长突增，一年 8~10 厘米）、汗腺毛发增生，男孩长出喉结、嗓音变化，女孩的胸部发育、臀部变化等。身体的内在变化包括：生殖器官发育成熟（子宫、卵巢、睾丸）、其他器官发育成熟（心肌收缩力增加、肺活量增大）等。除了身体的发育变化，孩子这一时期的运动机能、生理机能、社交能力都得到了充分发展。随之而来的心理也会发生变化。当孩子发现自身的变化，有的孩子会和同龄人讨论、分享，甚至比较，也有的孩子会遮遮掩掩，害怕别人知道，这些都是正常的表现。家长在孩子的发育期给予适当关注并提供一些相关知识，引导孩子科学面对自身变化，有着十分重要的现实意义。

晶晶是一名小学六年级的学生，最近在上体育课时，她发现班里的男同学有时候会在她跑步的时候在背后指指点点，她还发现自己的胸部比其他女孩子发育得快。这些变化使晶晶很苦恼，她总是闷闷不乐。直到有一天，她早上醒来发现自己的床单被染上了鲜血，她跑去跟妈妈说自己流血了。妈妈告诉晶晶，这些都是女孩子长大的变化，很正常，随后便告诉了晶晶一些生理期的注意事项。妈妈告诉晶晶："其实妈妈也注意到了你身体上的变化，不用担心，你在学校也不要因为自己和其他同学不同而烦恼，这些是每个女孩子都会经历的阶段。"随后，晶晶的妈妈联系了班主任，并让她在班级里多关心晶晶，对晶晶进行一些青春期心理健康的教育。

处于小学中高段的孩子正逐渐向青春期过渡，正如故事里的晶晶，他们的生理和心理正悄悄发生一些变化，并对自身的这些变化充满疑问与困惑。家长在这一阶段要留心观察孩子身上发生的变化，并引导孩子科学地面对自身变化，以此促进孩子的健康成长。

教子有方小课堂

1. 及时调整与孩子交流的方式

作为家长，要想继续和孩子保持良好的感情和顺畅的沟通，就需要自己主动转变心态，更好地支持孩子，在他们需要的时候提供建议，积极接受孩子成长过程中与自己关系的种种微妙的变化，及时调整和孩子交流的方式。家长除了尊重孩子在与自己相处时态度的变化之外，要学会找合适的机会像朋友一样和孩子探讨一些重要的问题，包括青春期的性教育；要告诉孩子他的身体会逐渐发生什么变化，给孩子讲解不同性别的卫生常识，这样对孩子正确认识自己有很重要的意义。

2. 调整社交原则和隐私界限

孩子现在应该清楚家里的隐私界限，如进别人房间时需要敲门，得到别人允许后才能进入。随着孩子年龄的增长，社交和身体的界限会变得越来越重要。对于发育早的孩子，家长要格外关注孩子可能承受的额外的社会压力。

孩子开始注意到自己身体的一些变化后，可能会疏远异性家长。对于家长来说，一定要确信自己没有因此而减少对孩子的爱，然后尽快调整到双方都感觉舒适的尺度，前提是要尊重和保护孩子在内心已经建立的隐私底线。

3. 引导孩子树立健康身材观

要想让孩子有正确的身材观，家长平时就要多听听孩子对自己身材的看法和态度，然后因势利导。如果女儿觉得自己太胖了，那就问问她为什么这么想；要是儿子苦恼自己比朋友瘦小，可以问问他为什么看重这个，为什么想要变得强壮。抓住孩子给你的进入他个人世界的机会，不要直接下结论或者给出答案，启发孩子自己思考并找到问题的答案。给孩子示范什么才是健康的好身材，需要家长以身作则。最好把运动和家庭活动结合起来，一起外出远足既能锻炼身体又能增进感情，可以让它成为有趣又健康的家庭习惯。

第四节　尊重异性身体变化

日常生活中，大多数家长都会教育孩子尊重家长，尊重长者，会教给孩子在不同场合的礼节，唯独在性领域家长往往忽略了孩子的尊重意识。比如，接触彼此的身体，触碰身体的隐私部位，有的家长完全没有意识到需要跟孩子强调尊重意识。即使有时家长意识到了，也会选择忽略或回避，羞于纠正。特别是孩子进入青春期之后，随着身体第二性征的出现，更需要引导孩子了解异性身体的变化，帮助孩子正确面对男孩和女孩的不同，树立“尊重”的性意识。

小楼的女儿涵涵今年12岁了，回到家的女儿告诉小楼，今天在学校上课的时候，她突然肚子很疼，就一直趴在桌子上休息。可是后来肚子越来越疼，她以为是吃坏肚子了，所以起身准备去厕所。

起身的时候被后桌的男生亮亮看见了，亮亮指着她的裤子大呼小叫地说："快看，她裤子上有血。"全班同学的目光齐刷刷看向她，面对突如其来的状况，她瞬间满脸通红，不知所措。这个时候，同桌的男生灿灿脱下了校服挡在了她的腰部以下，并出声制止了大家的议论，随后陪着她去办公室跟老师请假回家。

小楼帮女儿处理好之后，心里非常感激，如果不是灿灿，不知道这件事会对女儿造成多大的影响。于是第二天就去向灿灿和灿灿的妈妈表示感谢，灿灿的妈妈告诉小楼，自从儿子上小学高年级之后，逐渐进入青春期，他们就会在平时向儿子讲解一些生理知识，特别是到了一定阶段男孩和女孩的生理发育会有所不同，会有各自的生理特点，其中就提到了月经，这是女孩到一定的年龄时正常的生理现象，让儿子要正常看待，在这个期间，要对女孩多照顾。

小学中高段的孩子随着身体的发育，女孩会来例假，这其实是非常正常的生理现象。女生会因为不注意弄脏裤子而感到羞耻，也会因为肚子疼而害怕被别人嘲笑。而男生的调侃，会让女生不知不觉中心理负担更重。所以家长应该教育孩子尊重异性同学的身体变化，一方面可以向孩子讲解一些生理知识，帮助孩子了解在不同的发展阶段男孩和女孩之间不同的生理特点。另一方面也可以结合学校教育，与班主任沟通，开展一些主题班会活动，结合同伴互助、角色扮演等教育实践活动，让学生在实践中学习尊重异性的身体变化。

教子有方小课堂

1. 了解是尊重的基础

当孩子进入小学中高段以后，家长要引导孩子了解自己的身体可能出现的变化，不仅是自身的，也有异性的，让孩子以换位思考的方式，不取笑别人身体的变化，这是对同学最起码的尊重。只有你尊重别人，别人才会尊重你。

2. 示范是尊重的关键

家长要尊重孩子的身体自主权意识，尊重孩子对接触身体行为的意愿，在培养孩子身体自主权意识的同时，也培养性尊重的意识，二者相辅相成。家长在生活中对待彼此的方式就胜过在孩子面前枯燥的说教。和语言相比，孩子对家长的行为更加敏感。家长通过引导，让孩子了解更多的社交原则和身体隐私的界限，帮助孩子建立在尊重前提下的性意识。

3. 共育是尊重的核心

在学校里，班上早早长出小胡须或者声音变粗的男生，第一个来月经或胸部发育的女生，常会出现害怕、担心或者自卑的情绪。而发育晚的孩子也会有一些压力。这就需要加强家庭和学校之间的沟通，及时了解孩子的身体变化，家庭和学校形成共育合力。当孩子做出了恰当的尊重行为时，教师要对孩子进行肯定和鼓励，让孩子知道这种做法是正确的，并在今后的生活中继续强化这种正面行为。

第五节　切实防范性侵行为

儿童性侵是指将儿童卷入不能够完全理解的性活动，或因不具备相关知识而同意的性活动，或因发育程度限制而无法知情同意的性活动。侵犯者因其年龄或身心发育程度相对处于强势地位，既可能是成人也可能是未成年人。让孩子懂得什么样的行为是性侵害，学会准确判断性侵害，以及学会如何防范性侵害有着十分重要的现实意义。

4名8~10岁的女孩在暑假和周末上兴趣培训班，培训班的辅导老师以单独辅导为名，分别带4名女孩到独立办公室进行猥亵，时间长达8个多月，后来其中一名小女孩想了很久，才鼓起勇气告诉母亲。值得注意的是，这些孩子的家长都表示自己平时家教很严，也注意对孩子的性教育，但是不明白孩子为什么在第一次遭受性侵的时候不说，以至于受到那么长时间的侵害。对此，家长们深感疑惑和自责。孩子们在被问到案件的时候，对第一次被性侵的情景印象深刻，陈述过程清楚，而且在遭受侵犯时，内心本能地意识到这种行为不当。在回答“为什么当时没有告诉家长或者家人”这个问题时，被害女孩说得最多的是“不知道”和“不敢”这两个词。

被性侵会对孩子的身心健康产生不可估量的伤害，将孩子笼罩在阴霾之下。故事中这些女孩的经历，不禁让人痛心疾首，这类令人心情沉重的案例都说明家长要高度重视性教育。家长要帮助孩子尽早形成自我保护意识，切实防范性侵行为。

教子有方小课堂

1. 让孩子学会说“不”

让孩子了解什么是具有性侵意味的行为，应该掌握以下几个要点：

（1）和孩子一起认识身体，让孩子懂得保护自己的身体，在公共场所及家里的公共区域不可裸露身体。

（2）让孩子明白什么是性侵害，反复告诉孩子如果有人触碰其隐私部位或是有其他身体接触，让自己感觉不舒服、不正常，要立即拒绝，并向周围的人求助或呼救。

（3）帮助孩子建立身体边界感，不要破坏孩子天生的边界感。

2. 让孩子学会“离开”

教育孩子要远离性侵害发生的主要场所，例如两个人在关门关窗的房间、僻静的角落等，有助于正确判断并立即远离有可能的性侵者。为了降低孩子对身体接触的敏感度，性侵者一般会逐步试探。被触碰到敏感部位或被人在身体接触时故意停留的时间比较长，有的孩子会本能地远离，而有的孩子由于缺乏自我保护意识而忍受了这种不适。作为家长应该让孩子知道，即使是让人感觉略微不舒服的行为也应该警惕，并尽可能远离这个人和这个环境，从而提前杜绝性侵发生的可能性。

3. 让孩子学会倾诉

当孩子能够意识到他人对自己有性侵或有性侵倾向的行为，但是基于各种理由不敢说出来的时候，家长就需要反省自己在家中是用什么态度和方式来对待孩子的性教育的。只有当孩子感觉到家长对自己的尊重、理解、支持的时候，才会和家长进行良性沟通。家长首先要成为孩子可以信任的人，做孩子的朋友，多和孩子聊天，保持每隔一段时间询问孩子是否有人对其做出某些不当行为。同时，反复告诉孩子如果有人碰触隐私部位或者令人觉得不舒服，一定要告诉家长，不管这个人是谁。

4. 侵害发生后务必留证

当性侵事件发生后，家长做出报案的决定，都是希望涉嫌性侵犯者能够受到法律的制裁。但是请家长们注意，被侵害孩子一个人的口供是无法证实涉嫌性侵者构成犯罪的。因此家长在报案前应注意以下几点：

（1）被侵害孩子身上的伤痕、衣物等都是最直接的证据，假如性侵犯者实施了更深的性侵害，那么被侵害孩子身上极有可能留有性侵犯者的生物样本，这是非常重要的证据。

（2）假如被侵害孩子和性侵犯者之间有物品、经济来往等，家长需要保存有关凭证作为证据。

另外，面对孩子遭受性侵犯事件，家长需要保持理性和耐心，来抚慰孩子的创伤。

第六节　树立正确的爱情观

青春期的孩子正处于生理和心理快速成长的时期，除了社会兴趣和职业兴趣会在青春期有所显现之外，孩子关于爱情和婚姻问题的认识也有了更大的发展。因此培养他们正确的爱情观念，有着十分重要的现实意义。

刘女士分享了自己上六年级的女儿的“早恋”故事。她的女儿萌萌今年刚上六年级。最近，她发现女儿总是和一个男生微信聊天，这个男生是她的同班同学，两个人的聊天内容基本正常，都是“你在干吗?”“你现在无聊吗?”“吃饭了吗?”等。刘女士觉得这个年纪的孩子对爱情没有什么概念，大概就是互有好感，所谓的恋爱对他们来说是遥不可及的事情，于是，刘女士并没有很严厉地制止这样的聊天。直到后来，两人总是在晚上打很长时间的电话，内容大概有“我喜欢你”“你想吃什么，我明天帮你买”等，刘女士意识到了事情的严重性，于是给萌萌写了一封信。

“亲爱的女儿，你已经开始进入了一个色彩斑斓的年纪，妈妈真心为你感到开心，但同时妈妈也有一些担忧，看着你最近的变化，想跟你分享一个妈妈小时候的秘密。大概是妈妈读初二的时候，比你现在大一些，那时候班里有一个高高的男生，成绩也特别好，每一次他路过的时候，妈妈都忍不住看他。妈妈特别害怕老师知道，但是又无法抑制这样的感情，于是，妈妈特别努力地学习，希望能够引起男生的注意，虽然最后也没有跟他在一起，甚至没有人知道妈妈喜欢过这样一个男生，但是妈妈仍然记得那时的感情。妈妈告诉你这个秘密是想跟你说，在任何时候、任何阶段有自己喜欢的人或事物都很正常，就像你小时候喜欢玩具、喜欢动物一样正常。但是，喜欢是一种很奇妙的东西，也许会很持久，也许随时会改变，所以妈妈希望你在确定自己喜欢的人或事物之前要弄清楚是不是真的喜欢，这对于你未来的人生道路很重要。如果你遇到了喜欢的人和重要的事，但是你不确定，欢迎你跟妈妈分享，妈妈乐意做你的倾听者。”

故事中的萌萌是正处于青春期的孩子。这个时期的孩子会出现各种各样的问题，其中不可忽视的就是早恋问题。故事中的妈妈及时察觉到了女儿的变化，并及时采取了适当的方式去解决问题，正确引导孩子，使孩子形成自己的判断力，在孩子心智尚未成熟的时候给予了及时的帮助。

很多家长一听说孩子早恋便怒不可遏，恨不得将孩子暴打一顿，以期将孩子拉回“正途”；也有很多家长在得知孩子早恋后，便采取各种行动监视孩子。这样的做法，不仅会让家长与孩子间的隔阂加深，还很容易导致青春期孩子的极端行为。

早恋本身没有错，真正的错是家长对孩子早恋没有给予正确的引导和教育。家长一味地教育孩子不能谈恋爱，不能接触爱情，却发现孩子越是不了解恋爱就越是好奇，最后甚至可能会做出不可挽回的事情。其实真正为孩子好，不是遮遮掩掩，不是日防夜防不让孩子接触爱情，而是要教育孩子树立正确的爱情观，教会孩子该如何处理感情问题。

教子有方小课堂

1. 教会孩子正确识别爱情与友谊

很多孩子可能认为自己喜欢和某个异性玩，那就是爱他（她），就想和他（她）谈恋爱。但是他们大多时候分不清什么是爱情，什么是友谊。家长应该告诉孩子，爱情是想要和对方长久相处，要包容对方的缺点，最终要成立家庭，像爸爸妈妈一样生儿育女共同生活，而不是单纯的喜欢和对方玩。

友谊也是非常珍贵的东西，如果盲目把友谊发展成为爱情，那可能最后连朋友也做不成。如果分不清这感情到底是爱情还是友谊，可以先维持朋友关系，如果成年了还是喜欢对方，那就可以尝试进一步发展。

2. 教会孩子在对的时候做对的事情

现在是孩子学习知识的重要时期，如果谈恋爱，势必会对孩子的成长造成一定影响。家长可以和孩子一起探讨，如果在读书的时候谈恋爱会有什么不利的影响。家长要引导孩子明白，好的爱情需要两个人把眼光放长远，没有必要急着去干扰对方的生活，应该在对的时候做对的事情。学生时期就应该好好学习，提升自己，未来才能和喜欢的人共同创造美好的生活。

3. 教会孩子爱情有底线，尤其是“性”

对于孩子来说，谈恋爱并不是弥天大错，两人可以谈心、分享、玩闹，但是不到适合的年龄一定要坚守底线，尤其是“性”。禁止未成年人发生性关系不是封建、古板，而是对孩子负责，因为他们还没有具备承担后果的能力。未成年人身体发育还未完全，家长可以向孩子科普过早发生性行为会对身体造成什么样的伤害，甚至会罹患哪些疾病。正确的爱情观倡导互相尊重，要为对方考虑，不该伤害对方的身体，也不该让对方遭受白眼，因此为了双方好，一定要坚守底线。

第七章　深化家庭沟通

家庭教育中，家长与孩子的沟通是孩子成长的关键环节，良好的家庭沟通可以使家庭气氛更加温馨，也更有利于孩子的健康成长。三年级的孩子开始进入到小学中高段，这一时期孩子的生理、心理都发生了很大变化，孩子的语言能力、逻辑思维能力迅速发展，自我意识逐渐增强，对外界事物有了自己独特的认识和见解。该阶段家长与孩子之间的沟通就变得非常重要，如何与孩子进行有效沟通也成为很多家长关心的问题。

本章首先围绕尊重孩子的合理性建议、引导孩子的个性化成长、增加有效“家庭时间”、不断优化亲子沟通方式等几个方面来探讨深化家庭沟通的方式方法；在此基础上又聚焦当下“二孩”“三孩”的现实背景，从关怀新的家庭成员、建构互尊互谅的家庭氛围等几个方面进一步探讨家庭沟通的问题。

第一节　尊重孩子的合理建议

小学中高段孩子的认知和思维都有了很大发展，参与生活的范畴和内容越来越广泛，社会化程度相应提升；此外他们还能够运用多种资源和媒介获得认知，并进行独立思考，从而形成自己的见解与认识。作为家长应该跟随孩子成长的步伐，把孩子当作一个独立的人去尊重和理解，与孩子有关的事情都应该听取孩子的合理建议。

周末的晚上，爸爸妈妈和威威在一起玩真心话大冒险，在其中一个环节中，爸爸问五年级的儿子威威："在你的印象中，爸爸哪里做得不够好，需要改进?"威威鼓足勇气说："第一，请你以后少喝酒，因为喝完酒后你经常回家发酒疯，还会因为喝多了不分青红皂白地打我。第二，请你信守承诺，说话算话。有一年你答应我只要我考到前三名，就会给我买礼物，结果我达到目标了，你却不兑现。第三，请你以后帮妈妈多做点家务，因为妈妈每天又要上班，又要照顾我，还要做家务，太累了，你要帮妈妈分担一些……"爸爸听完之后低下头承认孩子说的都是事实，这些建议也都是合理的。爸爸答应了威威，以上三点建议他一定会虚心接受，并及时改正。

那天晚上，爸爸妈妈认识到孩子长大了，对待事情有自己看问题的角度，也有自己的想法了，因此决定以后每周都召开一次家庭会议，就一周内家庭中需要考虑、解决的问题作为会议的主题，比如，假期里的家务安排、旅游计划等。只要意见合理都应该被尊重、被接受。如果孩子发现他能自由地对任何事情提出自己的意见，而他的想法又没有受到轻视和奚落，他就会更加自信地发表意见，先是在家里，然后是学校，将来就可以在工作上自信、勇敢地正视和处理问题。

很多家长总是喜欢包办孩子的一切，所有的事情都会提前给出建议，却从来不去倾听孩子的想法和意见。五年级的威威借助游戏说出了内心对爸爸的建议，爸爸也对威威提出的合理建议予以尊重和接受。由此可见，良好的家庭氛围是家庭成员之间相互尊重、彼此包容，在各自事务上有独立的看法、立场、选择，而不过分干涉其他家庭成员。

教子有方小课堂

1. 让孩子参与家庭事务的讨论

对于家中的事务，有些家长不习惯主动询问孩子，偶尔想起来才会问孩子一次，这样孩子就不会有参与感，也就无法从家长这里获得自信。家长需要努力创造一种常态，慢慢让孩子有参与家庭事务讨论的意识，并逐渐增加孩子参与的次数，直到形成一种习惯。

2. 把握征询孩子建议的技巧，并理智采纳

在征询孩子建议的时候，也在考验我们的征询技巧——用最简洁的话语讲述孩子能听得懂的问题。而对于孩子的建议，我们也不用区别对待，合理就采纳，不合理就放弃，怎么对待家里其他成员的建议，就怎么对待孩子的建议。例如关于家庭中家务分配的问题，可以询问孩子的建议，“你觉得我们家的家务应该如何分配呢？爸爸做哪些？妈妈做哪些？你做哪些？”等。

3. 允许孩子建议不同、说错或者异想天开

孩子并不会一下子成熟起来，所以从一开始家长就要做好心理准备，因为孩子的建议多半会与家长的想法存在差异，可能会说得完全没道理。如果他说错了，家长可以提醒他哪里出了问题，帮助他学会正确思考；如果他在异想天开，家长可以表扬他的创造性，这是孩子最大的财富之一。不要轻易否定他的这些奇异想法，因为未来是不可确定的。

4. 一旦采纳，就要真的按照孩子所说的去做

家长采纳了孩子的建议后务必认真去做，让孩子感受到家长对他的尊重，他的自信心才会更强。家长要记住家庭是一个自由、民主、平等的场所，在这里我们要给孩子充分的自由去表达想法、提出建议，千万不要低估孩子解决问题的能力。

第二节　引导孩子的个性化成长

每个孩子在这个世界上都是一个独一无二的人，都有自己独特的个性，正因为此，这个世界才更加丰富多彩。步入小学中高段的孩子，个性已经逐渐形成并不断发展，如何尊重孩子的个性差异，引导孩子的个性化成长对于此阶段的家长有着重要的现实意义。

殷然是一名小学四年级学生，从小就对昆虫特别感兴趣，最向往的事情就是能够到大山中去寻找新的昆虫。那些在别人眼中有些可怕的昆虫，在他眼中却是“又迷你又可爱，还能跟人互动，十分好玩”。在周围人都不理解他的这份热爱时，他妈妈却说：“他的爱好非常有意思，让我觉得人生有趣了很多。”

每个孩子的天性都不相同，都有各自的天赋与热爱的事物，他们应该有不同的成才方式和成长经历。真正的教育，不是把孩子培养成流水线上的标准产品，而是发现孩子的独特性，引导他们找到内心的热爱，并且鼓励他们为之努力。人生是一场马拉松，而通往终点的从来不止一条赛道。

教子有方小课堂

1. 多和孩子进行双向沟通

在教育孩子时，家长常犯一种错，就是和孩子只有单向沟通。比如不听孩子的解释直接下命令；一味地指责孩子且不准孩子反驳等。这种错误的沟通方式，会让孩子对家长的权威产生怀疑和抵制情绪，不利于孩子的成长。因此家长需要转换交流方式，多和孩子进行双向沟通，倾听孩子的想法，走进孩子的内心，真正认识和了解孩子。

2. 关注孩子个性需求的平衡

家长为了让孩子提高成绩，为了培养孩子拥有更多才艺，花费了很大的精力、很多的金钱，给孩子报补习班、钢琴课、游泳课等。这种负荷过高、过强的活动和学习，会使孩子的个性产生偏差。孩子作为学生，有学习和考试的需要，但同样有娱乐、休息、运动的需要。所以我们家长在关注孩子成长的问题上，不应忽略学习、娱乐、运动等方面的平衡。

3. 进行必要的管教和约束

引导孩子个性化成长，并不表示家长要容忍孩子为所欲为，而是意味着要平等地看待孩子。孩子除了有被关注、被关心的需求，也有被管教、被约束的必要，就像成人需要被法律和规则所约束一样。家长要让孩子凡事按照规则而行，如果孩子违规，理所应当接受管教，毕竟，尊重个性并不等于放任不管。

4. 寻找孩子个性中的闪光点

由于遗传和环境的因素，不同孩子的身心发展水平存在很大的差异，每个孩子也都有自己的爱好和性格，所以家长要做的应该是顺应孩子的天性来挖掘他们的潜力，而不是把自己的兴趣、爱好和梦想强加在孩子身上。

尊重孩子的个性，发现孩子个性中的闪光点，接受、理解、欣赏孩子，找到适合孩子发展的方法，引导孩子个性化成长。

第三节　增加有效“家庭时间”

所谓“家庭时间”，就是每天、每周或每年给家庭留出并与家人一起度过的时光。家庭时间是帮助家庭不断成长的最佳工具。有效的家庭时间对孩子和家长都很重要。我们都渴望家人间的互动，这就需要我们去营造一个被称为“家”的安全的环境，在这里一起享受共度的时光。

陈女士的女儿和邻居赵姐的孩子是同班同学，都是刚上小学四年级。在长期相处中，陈女士发现赵姐的孩子不仅成绩优秀，而且性格阳光，什么话都愿意和家长说。但是自己平时工作忙，下班之后也很少有充裕的时间去陪伴女儿，导致自己和女儿没有那么亲密。陈女士也尝试过尽量花更多的时间与女儿交流，但是效果也不好。有一次，陈女士问赵姐：“你们夫妻俩工作那么忙，是怎么与孩子交流的呢？”赵姐回答：“我俩不管工作多忙，每天睡前都会抽出 20 分钟来和孩子聊天。”陈女士有些惊讶，追问：“聊什么呢？”赵姐说：“什么都聊。比如中午在学校吃了什么饭菜？同学之间发生了什么好玩的事？今天有什么收获？在这 20 分钟的聊天时间里，我们和孩子都忘记了自己的身份，像朋友一样，了解彼此心里真正的感受。聊的什么主题，包含多少信息量都不重要，生活本就是琐碎的，也不需要多么华丽的语言、多么深刻的道理。孩子会觉得爸爸妈妈这么忙还这么关注我，他感到被重视、被喜爱。陈女士听后很受触动，决定调整自己的方法，有效地与孩子交流。

大多数家长希望给孩子提供最好的生活条件，却常常忙得没时间陪孩子。然而孩子内心真正想要的，或许不是昂贵的玩具、衣服，而是和家长在一起的时光。

孩子的成长是不可逆的，家长的陪伴是有“有效期”的，一旦过期只能追悔莫及。孩子步入小学中高段时期，心思会变得越来越敏锐，因此家人的陪伴非常重要，高效家庭时间的投入必不可少。家庭时间是需要用心创造和高效利用的，可以是工作的闲暇，也可以是精心安排的周末、假期。这样的时间有助于家庭成员之间建立深厚的感情，同时也有利于促进该阶段儿童的社会性发展。

教子有方小课堂

1. 家庭假期：每年安排一次全家旅游

进入小学中高段的孩子对世界有越来越大的好奇心和认识世界的冲动，因此有必要带孩子去探索未知的世界以开阔视野、增长见识。旅游并不一定要花很多钱去省外、国外才行，如果经济条件不允许或者时间有限，一天或两天的短途旅行也是提高家庭时间质量的不错选择。

2. 家庭周末：每周创建家庭活动

在周末，家长可以与孩子一起看家庭电影、看日出、读书、做运动、做家务、参观博物馆等。家庭周末让我们有机会开展在忙乱的工作日通常不会开展的活动，让家人们一起共度时光，享受团聚的乐趣。

3. 家庭之夜：每天分享有趣的事

分享是一种给予、是一种学习，分享可以让人变得快乐。孩子在步入小学中高段时期，已经慢慢拥有自己的想法，他每天在学校碰见的人、遇到的事以及对此的感受都在不断地重塑着他对这个世界的认知。在这个时期，家长应该多关注孩子的内心，多与他们沟通和交流。家长可以先与孩子分享自己遇到的趣事，然后慢慢让孩子也主动加入，分享他觉得有趣的事，久而久之，通过这些不断的分享与交流，拉近与孩子的距离，走进孩子的内心。

有效的“家庭时间”需要用丰富的内容来填充，需要用心来创造。在这些珍贵的时间里，孩子会享受到一家人在一起的幸福时光。

第四节　不断优化亲子沟通方式

亲子沟通是指家长与子女通过信息、观点、情感的交流，达到增强情感联系或解决问题等目的的过程。随着年龄的增长，孩子的自主意识增强，会产生独立于家长的倾向。此时，亲子沟通就显得无比重要。而亲子沟通的方式会影响沟通质量，进而影响家庭教育的效果，改善并优化亲子沟通方式是家庭教育研究的重点问题。

梓帆现在是一个开朗阳光的大男孩，但小时候却是一个内向、寡言的孩子。他说话晚，说话时也很少直视对方的眼睛，经常沉浸在自己的世界里。一开始父母很着急，总是不断地教他多和别人交流，然而并没有实际的效果，之后父母很多时候都表现出对梓帆的无奈，久而久之，梓帆就越发内向，并且变得更加胆怯。父母也渐渐意识到这一点，于是开始不断反思自己的方式，认识到自己在教育孩子上存在的一些问题：他们和梓帆并没有进行过良好的沟通与交流，没有去耐心地理解孩子内心真实的想法。后来，从梓帆读小学三年级开始，梓帆家多了一个活动——“十分钟分享会”，就是每天晚上用 10 分钟时间，家庭成员各自分享一个当天发生的趣事或设计一个话题交流彼此的看法。梓帆也乐意把他感兴趣的事或者烦恼的事说出来，父母则跟他分享他们的看法，或者给梓帆提一些建议。他父母还经常做的一件事是“角色互换”。梓帆会扮演父亲的角色，而父亲则扮演孩子的角色，他们会就家庭关系、作业、业余爱好等话题展开对话。这样的换位思考，对家人间相互了解、提高共情能力很有好处。

亲子沟通的方式影响亲子沟通的质量，高频率的沟通并不等于高质量的沟通。处于小学中高段的孩子，他们的认知和行为都在发生着很大的变化，因此家长也要充分了解该年龄段孩子的生理和心理特点，选取合适的方式与其进行有效沟通。故事中的家长在不断尝试中逐渐找到了与孩子进行沟通交流的方式，走进了孩子的内心。这启示家长在面对性格内向的孩子时，要多一分耐心和鼓励。

教子有方小课堂

1. 倾听并接纳孩子的感受

孩子的感受和他们的行为有直接的关系。当孩子有好的感受时，他们也会有正面的行为。如果自己的感受被忽略、被误解，就算是大人，也无法继续进行良好的沟通交流，更何况是孩子。所以，接纳孩子的感受并且帮助他们面对和解决问题，是达成良好沟通的方式之一。如安静、用心地倾听，用“嗯”“我明白”这样简单的词语回应他们的感受；用语言帮助孩子说出他们的感受，如“我看得出你现在有一些难过”，在接纳孩子感受的基础上，给予建议。

2. 以合作的心态解决问题

当孩子遇到问题时，我们很容易用说教的方式“教”孩子解决问题。但孩子和大人的需求是不同的，说教其实是让孩子被迫接受他们需求外的事物。如果我们以合作的心态，把和孩子之间的沟通当作一项团队工作来处理，就比说教的效果好很多。我们可以尽量描述看见的事实或者问题，并告诉孩子自己的真实感受与建议，心平气和才是合作的基础。同时，有些话，如果我们不会和同事说，也请对孩子少说——

责备和问罪："你怎么又把毛巾到处乱放！"

谩骂："你怎么这么懒，毛巾都不放回去。"

威胁："你不放回去，我就不带你出去玩了。"

控诉："你看我为了你都累成什么样了，你却连毛巾都不会放。"

比较："隔壁的小朋友可不会这样，比你强多了。"

你可以尝试这样说："我看毛巾没有放回原位，我不太喜欢这样。请你放回去，谢谢。"

3. 积极赞赏孩子的行为

多鼓励和赞赏孩子的行为，会让他们感受到自己被关注、被信任、被肯定，这样的家庭氛围有谁不爱呢？赞赏不要笼统地说"你好棒"，而是要落在具体的或者进步的行为上——

赞赏具体的行为："你今天和妈妈说了'谢谢'，我很开心。"

赞赏进步的行为："你刚刚第一次主动把毛巾放回了原位，给你点赞！"

4. 给孩子足够的空间

适当地让孩子参与家庭的选择和决定，孩子们能感受到自己是被尊重的家庭一员。随着年龄的增长，家长们也可以放手给孩子更多的空间，凡事少问问题，少给答案，多尊重孩子自己的努力，这样的家庭也会充满积极正向的沟通氛围。

家庭幸福是生活的关键，而良好的沟通方式则是家庭幸福的关键，若能掌握以上几种亲子沟通方式，相信家长与孩子的关系会更和谐，家庭幸福指数也会大大提升。

第五节　悉心关怀新的家庭成员

家庭成员之间是血脉相连、互相拥有特殊情感的亲人，家庭成员间的关系深深影响着青少年的成长与社会化。二孩政策全面放开以来，许多家庭都迎来了新的家庭成员，而良好的同胞关系有利于孩子的身心发展。

对于小学中高段孩子而言，新的家庭成员的到来会影响自己的生活和学习，因此孩子可能有隐隐的排斥和抗拒心理，对二孩态度不佳，如何引导大孩悉心关怀新的家庭成员、建立友爱的同胞关系是不可忽视的现实问题。

妹妹刚出生的时候，天天和所有的大宝一样，不适应、很焦虑，为了化解大儿子因为妹妹的出生而产生的焦虑情绪，妈妈专门向育儿专家取经："我会经常给他看兄弟姐妹相亲相爱的东西。有一天，我抱着妹妹坐在他旁边，看见电视里的友爱画面，他亲了妹妹，又亲了我，说：'我好爱妹妹。'"平时，妈妈会经常鼓励天天当保护妹妹的"勇士"，让天天参与到照顾妹妹的活动中来，培养他的关爱之心、激发他的责任感。

故事中的妈妈在育儿中给了大孩和二孩同样的关爱，同时帮助天天建立新的角色认知，让他在参与照顾妹妹的活动中意识到妹妹比他更弱小，更需要大人的照顾。在照顾妹妹的过程中，他会觉得自己是个大人，于是当哥哥的自豪感油然而生，自然就会对妹妹倍加关爱。

教子有方小课堂

1. 给足大孩关爱

许多大孩习惯了以自我为中心，一旦有了弟弟妹妹，大孩便认为弟弟妹妹会抢走原本属于自己的零食、玩具以及家人对自己的爱，由此产生自我保护意识，导致了大孩出现不安全感，故而做出诸多激烈反应。要消除大孩的不安全感，家长可以通过直观、形象的实物或体验游戏，引导大孩建立对弟弟妹妹的信任与好感，让大孩感受到与弟弟妹妹在一起成长的快乐，使大孩明白有了弟弟妹妹后，爸爸妈妈还依然爱他。当大孩有了足够的关爱就不会不安，也就能欣然接受弟弟妹妹的到来了。

2. 帮助大孩建立对新角色的合理认知

家长在引导大孩接纳弟弟妹妹的过程中，逐渐培养大孩的家庭责任感，让大孩参与到迎接、照顾新宝宝的过程中，给弟弟妹妹树立好榜样。例如，可以让大孩参与弟弟妹妹的取名，这会让大孩因为参与而增强对自己成为哥哥姐姐的认同；在照顾新宝宝的过程中，提供机会让大孩为弟弟妹妹准备奶瓶、尿布等，让他在付出和分享中感受自身对家庭的贡献，培养他们的亲情感与责任感；对于大孩的努力与进步，家长要及时予以反馈和表扬，让孩子产生强烈的自豪感和成就感。

3. 保持对每个孩子的情感平等付出

首先，应将爱尽量平等地分给两个孩子。当孩子之间出现小矛盾时，不能因为弟弟妹妹年龄小而无原则地要求大孩退让；当大孩的行为表现不甚满意时，应尽量多用鼓励的教育方式，而不是剥夺式的主观臆断。其次，慎用比较评价。家长不应该经常拿两个孩子的优缺点比较，这容易引发他们之间的竞争和嫉妒。家长要善于发掘他们的优点，夸奖、赞赏，对于缺点应因人而异、因材施教。最后，适当给大孩一点情感补偿。适时给大孩一个微笑、一个拥抱，接受并回应其情感需求。家长的情感补偿会让大孩不会“仇视”二孩，并与二孩和谐相处。

第六节　逐渐形成良好的食育文化

食育，除了饮食习惯、饮食卫生，还包括通过饮食活动开展的相关教育。食育蕴含着人生观、价值观的教育，为孩子身心健康发展打好基础，是美好生活的重要一环。食育观的养成，需要落实在孩子成长的生活环境和平淡普通的一餐一饭中。

小学中高段孩子的食育重点是了解食物来源与餐桌礼仪。“一粥一饭，当思来处不易”，对食物需要怀有敬畏与感恩之心，而无论在任何场合进食，都需要基本的餐桌礼仪，需要学会关照身边的家人和同伴，不惊扰旁人，共同营造良好的用餐环境。

一位妈妈带着9岁的儿子小鹏去参加同学的婚宴。因为场合比较正式，参加婚宴的客人也很多，临行前，她特意嘱咐儿子要注意餐桌礼仪。然而到了开饭的时候，儿子将之前的嘱咐忘得一干二净。饭菜还没上来的时候，小鹏就纠缠着她说：“饿死我了，怎么还不上菜?”还拿着筷子敲打桌子上的碗碟。由于在饭桌上，她也不好直接训斥孩子。当饭菜端到了桌上，别人都还没动筷，小鹏就快速将喜欢的菜转到自己面前夹起来就吃，吃起来还吧唧吧唧嘴……一顿饭吃完，小鹏妈妈带着小鹏“落荒而逃”。回到家后，她训斥了儿子，儿子还赌气地把自己反锁在房间里。

这让她深深地意识到自己对小鹏的教育出现了问题。于是，她请教了一位有相关教育经验的朋友。朋友听后表示，餐桌礼仪并不是一下子就能练成的，一个9岁的孩子，指望他临时就记住平常并未注意过的礼仪，确实不是件易事。朋友给了她一些建议，并推荐她看了一些书籍。从那以后，小鹏妈妈便开始努力纠正儿子的不良用餐习惯。在家中，她动员丈夫一起以身作则。除了自己做好榜样，平时无论在家或者在餐厅，小鹏妈妈都会不厌其烦地提醒儿子一些必要的礼仪，并告诉儿子要自觉遵守。时间久了，小鹏逐渐明白这些都是他该做的。如果小鹏做得不错，家人都会鼓励、称赞他“小鹏真懂事，小鹏做得真好”。

食育是一个长期的教育过程，它不会像学校教育或者特长教育，能给予人知识的积累、技能的学习或者能力的提升。食育能给予家庭或者个人的，是一种健康习惯的养成。

小学中高段孩子的食育重点，应放在品性塑造上。让孩子树立节约粮食的意识，培养他们的环保意识、习惯和正确的餐桌礼仪。故事中，小鹏妈妈意识到小鹏用餐的不良习惯，便以身作则，反复进行教育，通过长久、不断地纠正，终于使小鹏开始文明用餐。这提醒我们，食育非一朝一夕，家长应长期进行教育、督促。

教子有方小课堂

1. 家人共同进餐

家人共同进餐可以为孩子提供学习机会。在和家人共同进餐的过程当中，孩子可以通过观察大人的进餐行为，学习各种进餐礼仪，比如，饭前洗手、碗筷的摆放、筷子的拿法等。共同进餐也是家庭成员联系情感的方式。在餐桌上互相倾听，可以增进家人之间的感情。餐桌中和谐的家庭关系，可以让孩子体会到被爱的感觉，并带着这种爱的感觉与人交往，容易建立良好的人际关系。

2. 家人一起准备食物

当今社会，“四体不勤、五谷不分”的孩子并不在少数。让孩子参与到准备三餐的过程当中，孩子可以接触到各种不同的食材，对食材的颜色、形状、味道以及烹调时的注意事项也会有更深刻的理解。孩子体会到劳动的快乐会更加珍惜食物，避免浪费的产生。

3. 体验食材种植

在城市，家长可根据自身情况，创造一些条件让孩子尽可能去体验自然生活。如家长可以带孩子去菜市场，体验买菜的过程；或在家开辟一片“一米菜园”，让孩子亲手种些蔬菜，观察蔬菜的生长过程，体验种植的乐趣等。在农村，家长可以多带孩子去田间地头，体验稻田插秧等农耕活动，感受“粒粒皆辛苦”。

第七节　构建互尊互谅的家庭氛围

家庭氛围，是一个家庭中家庭成员之间的关系及其所营造出的人际交往情境和氛围，它对家庭成员的精神和心理都起着非常重要的作用，是家庭成员生活及成长的重要环境因素。对于中高段小学生来说，尊重与体谅是极为重要的，互尊互谅的家庭氛围将对他们自尊心、自信心的形成与发展起着良好作用。

在女儿的成长过程中，有一些和她互动的片段，让我们悟出了不少教育的道理。其实教育并不是一件多么艰深的事情，而是在生活的一点一滴中，在家长的一言一行中，让孩子慢慢学会怎么为人处世，怎么过好自己的人生。

有一天傍晚6点了还不见女儿放学回家，做好的菜都凉了。妻子担心女儿安全，打电话问她为什么还不回家，是不是和什么不良少年在一起。女儿没好气地说："你女儿是那样的人吗？今天是数学老师拖堂才放学晚了。"

女儿回家后，脸色有些不好看，关门时发出了很响的"砰"的一声，妻子认为女儿是冲着她砸门，便发起火来，打了女儿一下，女儿委屈地哭了起来，并且赌气不吃饭。

第二天，妻子意识到自己的行为有点过分，伤害了女儿的自尊心，便主动向女儿道歉。孩子对家长的包容总是超过我们对他们的包容。女儿马上点了点头说："妈妈，其实我也有错，你本来是关心我才打电话，我不应该恶声恶气地对你说话，回了家也不该砸门惹你生气，对不起！"一场亲子矛盾就这样化解了。

在孩子成长的岁月中，我们可能会误解孩子、错怪孩子，但是很多人放不下做家长的架子，认为向孩子道歉有损自己的威严，只有孩子给大人认错的份，哪有大人给孩子道歉的？渐渐地，家长的虚伪、固执就会在孩子幼小的心灵中留下阴影，对孩子的成长产生不利影响。其实，家长诚恳地向孩子道歉，不仅能很快化解与孩子之间的误会和矛盾，还能让孩子对家长产生由衷的尊敬和信任，家长的威信才能真正树立起来。

家长与孩子平等相待，有错误能互相承认错误，为对方考虑，了解对方、体谅对方是对对方最大的尊重，而互相尊重是良好亲子关系构建的重要准则。如故事中所说，孩子对家长的包容总是超过家长对孩子的包容。互尊互谅需要家长迈出第一步，故事中的妈妈主动承认错误，主动去了解孩子、进行耐心疏导所带来的良好效果提醒我们：家庭成员互尊互谅在构建良好家庭氛围中起着重要作用。

教子有方小课堂

1. 尊重以互相了解为前提

真正的尊重一定是建立在了解的基础上，了解对方就要站在对方的角度看问题。了解孩子可以通过认真倾听的方法，倾听孩子成长过程中的疑惑与烦恼、压力与悲伤、兴趣与理想等。通过倾听，深入了解孩子的身心状况。

2. 尊重以平等相待为基础

家长要充分尊重孩子的人格，主动放下身段与孩子共处，让孩子享有尊严。有事与孩子商量，有错误可以主动道歉。孩子是独立的个体，相处时应该是平等的，而非是被控制的。只有双方平等才可能互相尊重，互相体谅。

3. 让孩子保留自由空间

尊重孩子，就应把自由和独立还给孩子，让孩子自主选择、自由探索。孩子成长的每一个阶段都有其特有的身心特点和生活内容，家长应该给他们一定的自由空间，把原本属于他们的权利还给他们。

只有这样，孩子身心发展的巨大潜能才能得以挖掘。

第八节　树立良好的家风家教

家风家教是一种由家庭中的家长或祖辈提倡且通过身体力行和言传身教，用以约束和规范家庭中每个成员的行为风尚和品德作风，如同一个人的气质和性格一样，看不见、摸不着，以一种隐性的形态，存在于特定家庭的日常生活之中。家庭成员的一举手、一投足，无不体现出这样一种习性，这就是真正的“传家宝”。

“养正于蒙”，良好的家风家教是青少年的价值观和精神成长的起点，家风能把个体的道德品质锤炼到一定的高度，促进家庭成员内部的团结，推动着整个家庭的发展，甚至对整个家族的发展也起积极作用。对小学中高段的孩子而言，良好的家风家教是促进其健康成长的沃土。

2020 年 5 月，我家被评为“全国抗疫最美家庭”。新冠疫情暴发以来，我们一家三口不仅一直遵守防疫规定，还做了很多有意义的事情。父亲以每天一讲的速度为江苏省妇联录制了 32 讲“让家更有力量”疫情防控家庭教育系列微课，为疫情期间居家工作、学习的家庭成员提供互帮互助的教育提示，并以备课稿为初本，编撰《让爱守护家》一书。母亲指导河南省一个地区的老师录制抗疫课程，为当地家庭送上亲子共学的知识与方法，其中8个优秀课程被收录在“学习强国”平台。我则一边居家学习一边写下了抗疫古体诗词共20首，有4首还发表在《孩子》杂志上。

我们家没有逆行者，也没有奋战在抗疫一线的医护工作者，只是一个平凡的家庭做了力所能及的事情。我们家的“最美”不是轰轰烈烈，而是愿意贡献一份力量的坚持。

小学中高段的孩子，自身独立性与稳定性逐步提高，此时正是认识世界、形成自己理解与独立思考的重要时期，而他们此时的行为与思考又极具模仿性，家长应在这一时期以身作则，做到言传身教，通过生活中的点滴小事给孩子正面向导。

教子有方小课堂

1. 加强自身修养

家风是家庭全体成员共同制定、共同遵循的行为规范。但家风的决定者，或者说，起决定作用的还是家长。有什么样的家长，就有什么样的家风。家长的自身修养至关重要。要把孩子培养成什么样的人，家长必须先成为这样的人。家长的人格决定家风的方向，也决定孩子发展的方向。

2. 注重言传身教

要培养和塑造孩子的良好个性品质，家长自己必须言行一致，表里如一，为孩子树立好的学习榜样，使孩子从小树立起远大的理想，从而激起心灵深处无穷的动力。只有这样，才能为孩子的健康成长发挥独特的家长教育作用。

3. 利用家庭集体教育

家庭能以集体的方式潜移默化地对孩子产生影响。家长应通过多种家庭集体活动，借助家庭集体的力量感染、带动和引导孩子成长。

第八章 推进家长成长

在新时代的大背景下，家长们承受着来自教育压力的同时，也在试图寻求对孩子最有效的帮助与关心。因此，家长要随着孩子的成长而不断成长，更新自己对教育的认知，提高自己的家庭教育水平。

第一节 初步达成教育共识

“共识”是共同认识。换句话说，就是人们针对人或物，有一样的看法、一样的观点、一样的态度。人作为个体存在，“共识”的达成不是一件容易的事情。形成共识的需要与形成共识的可能是两个不同的问题。教育共识的形成首先要建立在深刻的理解之上。家庭教育共识，对于孩子成长至关重要。

小明面对手机丝毫没有自制力，每天都想玩手机或者是其他电子产品，已经到了无心学习、不做作业的地步。

一次，小明说：“我能不能写完作业后玩半个小时手机？我说话一定算数。”爸爸选择了“相信”，爽快地答应了。因为小明对电子产品的不克制，妈妈选择了“不相信”，不同意他的要求。但是，小明拿着爸爸的“令箭”，没有听从妈妈的话，做完作业后就把手机拿去玩了。

妈妈把爸爸叫到一边，说：“这个事情我们从来都没有达成一致。我想，不是不能给孩子玩手机，而是要根据孩子的情况来决定。咱家的孩子每次说话都不算数，一碰到电子产品，丝毫不讲原则，把大部分学习时间用来玩。”

爸爸马上反驳：“我和你想法不一样。孩子的成长中规避不了手机的存在，我们不应该‘堵’，而是要‘疏’。他不可能生活在‘真空’里，不让他见到手机。手机可以使用，玩手机也可以作为奖励。”

妈妈又说：“这样的道理也许对，但是对不同情况的孩子，策略也要不同。咱们孩子的世界里除了手机，没有其他，不懂得遵守约定，不懂得尊重家长，也不懂得做作业的重要性。”

…………

转眼之间半小时过去了！时间到了！小明还是不能自控，总是在“马上完事”“再多五分钟”这类的回答中，继续玩着手机。

家长作为孩子的监护人，受到工作环境、学历水平、原生家庭等诸多因素影响，很难在教育目标上能达成共识。一般来说，家庭教育的分歧主要集中体现在教育理念、教育目标、教育内容和教育方式等方面。

故事中，我们看到家长因为对孩子使用手机的态度不一致，导致孩子钻了空子，找到“有利于自己”的选择。现实中，大多数孩子在家长的不同指令下是难以选择的。而这容易造成孩子道德判断水平的不统一，影响其成长。家长的共同关注，以及对待同样问题所持有的一致态度，能潜移默化地指引着孩子的成长方向。

教子有方小课堂

1. 树立权威

家长的权威，是指家长在家庭教育中所体现出来的威望，一种让孩子信服的力量。这样的力量，对于孩子价值观的形成、心理状态的健康程度、学习生活的主动意识等都有重要的影响。家长不仅主导了孩子的生活，更是以自己的视角确定了自己的权威。这种权威的获取，具有短暂时效性。而由于家长在性别、社会分工、家庭分工上存在不同，其履行的家庭责任也不同。在一个家庭中，教育孩子更应该是发挥各自专长，取长补短，彼此树立威信。

对于权威的树立，家长可以从积极做事做起。家长对待工作、生活的阳光向上的态度对孩子的教育是潜移默化的。孩子看见家长在工作中仍然努力追求自己的职业梦想，孩子就会不自觉地跟随家长的脚步完成属于自己的学习、生活任务。

2. 目标一致

教育目标的一致性，是教育共识的核心问题，也是孩子成长的重要保障。家长在教育目标上的不一致，易导致孩子的思想摇摆不定，在不明就里的情况下，出现钻空子、态度不端正等问题。

遇到问题的时候，家长要避开孩子，好好商量。每个人都有自己的意见、自己处理问题的方式，但是家庭教育是不能各自为政的。克制情绪，求同存异，是解决问题的有效办法。不要让孩子在家长目标不一致中左右为难，导致孩子失去正确的判断。

3. 减少冲突

家长有矛盾的时候，尽量不要在孩子面前起正面冲突。此时，家长的不当言行会对孩子造成不良影响，产生伤害。有观点表明，儿童良好的行为模式及其心理发育的成熟需要一个稳定且有安全感的环境，不和睦的家庭使儿童持续处于警戒和应激状态，因此易导致儿童的行为问题。家长双方应真诚交流意见，用平和的语气与态度积极探讨问题，传递家庭的温暖。请相信，在有爱的家庭里长大的孩子才会更懂得奉献，更明白感恩，更知晓欣赏，更通情达理，更善解人意。

第二节 强化父亲教育角色

父亲通常是孩子接触的第一个男性，对孩子三观的引导、人生的指导、成长格局的规划等都有着重要的作用。作为一个家庭里独一无二的存在，父亲往往代表着坚毅、勇敢、执着等人性中特有优良品质的名词。有调查表明，现代社会父亲的教育角色展现的主动意识薄弱、参与感不强，是普遍存在的问题。在家庭教育中，父亲的角色意识需要强化。

沃伦·巴菲特，是全球著名的投资商。彼得·巴菲特是他的儿子。

彼得的童年时光，是在美国中西部小镇奥马哈度过的。彼得说："很小的时候我就知道钱要靠自己挣。父亲跟我和哥哥、姐姐说：'我的钱都是干活挣来的，所以不会白白给你们。'"为了挣一点零用钱，彼得总是抢着干活：扫地、擦窗户、给花草施肥浇水……

彼得小时候不知道爸爸是做什么的。他说："爸爸每天早上8点准时出门上班，无论多晚都会回家。从我小时候到现在，爸爸就是这样。他没有变化。所谓财富和名声的递增，在家人和他自己眼里，都只是一种外在的符号而已。"

后来，彼得进入了著名的斯坦福大学，花了一年半的时间将20门基础课程全部修完。但是彼得一点儿都不高兴，他跟父亲说："如果我辍学，您是否会觉得脸上无光？"巴菲特笑着回答："你的姐姐和哥哥不也是这样吗？人们顶多说你步了他们的后尘。"

父亲还跟彼得说："我知道你一直想做自己喜欢的事情，比如做音乐家，而我曾经希望你能做一个投资家。我仍然记得你7岁那年，坐在钢琴前，把一首欢快无比的《扬基歌》弹成了哀乐。"父亲接着说，“能把欢快的乐曲弹成哀乐，说明两个问题：一是弹奏者心情糟糕，二是他具备非凡的音乐天分。”

中途退学的彼得准备投身于音乐创作，但是，他身无分文。不用问，父亲不会再给他一分钱的生活费。

再后来，彼得出了数张专辑，并凭借讲述印第安人的剧集《500部落》的配乐获得美国电视界最高荣誉“艾美奖”。他靠自己的努力，为妻子和女儿在密歇根湖湖畔买了别墅，也终于有了专业级别的音乐工作室。彼得也让所有人心悦诚服地称赞：“我很惊讶你竟然没有子承父业，但我更惊讶的是，你居然成了音乐界的‘沃伦·巴菲特’。”

父亲不仅是孩子性别认同的模板，也是孩子社会认同的榜样，更是孩子社会性发展的重要参照对象。在故事中，我们看到儿子的成功与父亲角色完美的诠释有着直接关系。父亲给儿子的金钱观——钱是自己努力赚来的；给儿子的就业观——尊重你的选择；给儿子生活的影响——朴实无华……

教子有方小课堂

1. 定位父亲的角色

父亲在家庭中的高度责任感、有效话语权，为孩子的道德教育、社会性教育、三观引导等都奠定了基础。男孩可以从父亲那里观察、模仿男性的语言和行为，发展出更多的男性行为，逐渐形成男子汉的气概；女孩可以在与父亲的相处中，深化对异性角色的认知，明确性别差异。父亲的角色不可取代，决定了在教育上，父亲要和孩子的母亲一起承担完成。父亲可以利用自己的专长教育孩子，比如带着孩子一起去参加自己擅长的体育运动。

2. 明确父亲教育的意义

父亲在家庭里的位置，是母亲无法替代的。孩子对于性别的最初认识，来源于父亲。有资料研究表明：一天与父亲接触不少于 2 小时的男孩比那些一星期内与父亲交往不到 6 小时的男孩人际关系更融洽、从事活动更富有男子汉气概。母亲以“柔和”在教育中存在，孩子在遇到一些事情的时候，能够体会如何平和处理；而父亲以“刚性”在教育中存在，可以让孩子领略什么是坚强、什么是果敢、什么是坚持。

3. 父亲教育的普适方式

家庭里重要的关系，除了亲子，就是夫妻，所以家庭中和谐的夫妻关系对孩子的教育也起着积极作用。父亲对母亲的尊重和保护，是对孩子无声的影响，能够培养孩子尊重女性、爱护家人等优秀品质。而父亲与孩子的有效沟通，是不可或缺的教育方式。父亲在与孩子沟通的时候，应尽量做到平等尊重、就事论事、换位思考、正面语气、现身说法等。

第三节　主动与班主任沟通

沟通是进行信息交换的方式，是人与人相互理解并且发生联系的主要形式。沟通和“说话”不同，沟通并不是一句话就能完成的，它是一门艺术，最终目的是让对方达成行动或理解所传达的信息和情感。在教育中，很重要的一种沟通存在于家长与班主任间。

淘气包儿子放学回到家，衣服还没脱完，小脸涨得通红告诉我：“妈妈，今天有件不开心的事！我被老师罚站了…… ”听他十分懊恼地叙述完，我明白了事情的原委：他和几个男孩子在走廊上打闹，结果被学校值日生抓到了。后来班级被扣了纪律分，他也被老师罚站了。前几天他也因为站在桌子上，被老师罚站警告了。

听了儿子的讲述，我觉得应该跟老师沟通一下，趁着爸爸领着他出门的空隙时间，我给老师打了电话。首先，我表达了歉意，因为孩子的行为给老师和班级增添了麻烦，表示孩子与我都很内疚！接着，我感谢老师对孩子的帮助，并对老师的辛苦表示体谅。

随后，我和老师进行了更多的交流。我承认了孩子的淘气，并举例说孩子在家里有时也很淘气，经常被我管教，我有时还会体罚他，所以希望能和老师探讨一下教育孩子的方式。

老师听后，建议我以后不要体罚，她认为男孩子普遍好动，并解释了当天发生的事情，说罚站只是为了让孩子认识到错误。然后，我委婉地表达了孩子虽然淘气，但很热心肠，对老师也很敬重；并表示担心孩子被定义为“坏孩子”，担心老师的批评、罚站会让孩子丧失学习积极性。

老师解释说：“并没有总是罚站，我经常表扬他、鼓励他，看到一点进步就会表扬。但我认为，如果表扬多了，孩子就会对表扬麻木，要掌握尺度！”

接着，我又转述了孩子对老师的崇拜和感激，举例说明老师鼓励孩子之后，孩子在家会念叨。例如，“老师今天夸我字写得真好看，我好开心”，孩子也会在家自觉练字等。

老师听后，很开心，也很满意。

最后，我诚恳地表示我会努力配合老师，一起做好孩子的教育工作。如果老师做什么事情缺人手，我会尽量提供帮助，像这周我就可以帮忙打印试卷。

老师表示感谢！通话圆满结束。

故事中的妈妈是一位智慧的家长，她在和老师沟通时，采取了正确的方式。她能及时和老师沟通，及时反馈意见；用歉意和感激开头后，对孩子进行了客观的评价，承认他的淘气，并表达了愿和老师探讨交流、全力配合的意愿；最后借机反馈孩子在家的一些好的表现，同时称赞老师好的教育方法。无疑，这样智慧、有效的沟通，值得每位家长学习借鉴。

教子有方小课堂

1. 及时沟通

孩子的教育，离不开家庭教育和学校教育。但由于所处环境的不同，学校和家庭之间的沟通会有一定的局限。所以，家长想了解孩子在不同场合的表现，需要主动地与班主任进行沟通。只有这样，才能及时了解孩子的在校状态。当然，也要注意分享一些孩子在家中的情况，以便班主任能够更了解孩子。例如，在孩子带着情绪上学前，可以提前告诉班主任孩子因为什么有些小情绪，请今天多多表扬孩子；在孩子学习上有困难时，向班主任了解一些孩子近期的学习情况。

2. 建立信任

任何关系的建立都需要真诚的沟通交流。班主任与家长之间建立良性沟通的前提是彼此的理解、信任、尊重和支持。在此基础上，班主任的态度和行为、与孩子的关系、对工作责任感以及对家长的尊重和理解也同等重要。家长需要做的是，将心比心，相信孩子的班主任和你一样爱护着孩子；不轻易否定班主任的工作，相信班主任只是需要一点时间来照顾整个班级的孩子。

3. 寻找共识

在理解的基础上，我们需要再寻找有共识的地方。无论是家长，还是老师，他们都有形成联盟的一个基本共识——希望孩子好。但是，这个共识落脚于具体表现上时，需要家长的主动出击与积极配合。对于家长觉得有利于孩子发展的事，家长可以和拥有专业知识的班主任分享，判断是否科学；对于班主任的建议与要求，家长要积极配合。例如，积极配合班主任对孩子提出的“每天至少运动半小时”等有利于增强孩子体质的建议，带着孩子去进行一些体育活动。

4. 有效沟通

在形成理解和具备共识的情况下，还要运用一些沟通的技巧，以便达成更好的沟通效果。那如何才能更有效的沟通呢？不预设立场，不带有情绪，客观公正地对待出现的问题。试着从自己身上找找原因，承认自己教育的失败；不偏离主题，就事论事。当谈论孩子上课开小差的行为时，不要牵扯自己以往也这样但是现在也大学毕业了，更不要推脱一切都是孩子同学或者班主任的问题。

第四节　积极参加家长会

家长会是学校教育与家庭教育保持密切联系、协调一致的一种重要形式。家长积极地参加家长会能实现学校和家庭的互动，家长能了解孩子在学校的表现，老师也能知道孩子在家的表现。家长和老师在教育上所达成的一致，将形成有利于孩子成长的家校合力教育机制。

在某小学五年级的群里，老师发布了一则通知：将于下周五召开家长会，本次家长会必须由父亲参加。在家长会当天，五年级320余位孩子的爸爸陆续进入学校。五年级（3）班的爸爸们进入教室之后，发现每张桌子上都放着一件手工作品，作品旁边还放着一张纸，纸上有简短的文字介绍。正当爸爸们迷惑不解的时候，班主任陈老师揭开了谜底：班里的每一位孩子都为自己的爸爸制作了一件手工作品，代表着自己印象中的父亲，还附有文字描述。爸爸们需要根据手工作品和文字描述找到自己对应的座位。终于，15分钟之后，每位爸爸都找到了自己的位置。接下来陈老师在黑板上写了一句话，请每位爸爸上台进行一分钟的发言，发言主题为“我是这样一个爸爸”。

“我是一个严肃的爸爸，平时对孩子比较严厉，很少关注他的世界，后来我也曾试图与孩子交流，但孩子似乎不太愿意跟我表达他自己真实的想法……”

“我是一个没有耐心的爸爸，平时在辅导家庭作业的过程当中，批评总是多于表扬，在孩子做作业拖拉的时候，发火的次数也比较多，缺乏与孩子沟通的耐心……”

“我是一个温和的爸爸，平时与孩子交流时会尊重孩子的意见，在日常生活中，也会避免严厉的指责和惩罚。我们常常会一起出去游玩，也常常会参加一些亲子活动……”

“我是一个忙碌的爸爸，平时忙于工作，很少有时间与孩子相处，但是只要一有时间，我就会与孩子交流，聊聊最近发生的事情，尽力让孩子感受到被爱与重视……”

…………

每位爸爸都耐心听完了其他爸爸的发言，也许是有许多共通点，大家都听得格外认真。

最后，陈老师做了家长会总结：“父亲的教育与母亲的教育一样，在家庭教育中不可或缺。但是，在我们传统的家庭结构中，父亲的教育似乎有所缺席，我们希望每位父亲都能够花更多的时间去关心孩子、了解孩子，让孩子的父爱和母爱都不缺失。”

故事说明了在家庭教育中父亲的角色也极其重要，父亲也需要参加家长会，了解孩子的成长过程。

家长会是家庭和学校之间的桥梁，可以促进家校之间的合作和互动。另一方面家长会可以帮助家长增强教育意识，不断提高自身的教育能力，也为家长和孩子创造一个相互交流的平台，增进亲子之间的相互理解与信任。好的教育是父亲的教育与母亲的教育相结合的，也是学校教育与家庭教育相结合的。

教子有方小课堂

家长们知道如何高质量地参加家长会吗？以下三点建议供参考。

1. 会前：做好准备

当家长收到家长会的通知之后，需要提前做好规划。如果家长不能参加，应该提前告知老师。这是对老师的尊重，也是对孩子的重视。

这里需要注意：

（1）不要和孩子一起去。家长会是家长与老师沟通的机会，是在孩子不在场的时候，对孩子的一种了解。

（2）与孩子沟通。参加家长会之前可以先问问孩子是否有向老师咨询的问题与存在的困扰。

（3）开会时把手机调到静音，避免因手机的动静而打断老师的汇报以及认真听讲、做记录的其他家长。

2. 会中：做好笔记

在家长会上，老师会总结汇报孩子一个学期的学习情况，家长需要认真仔细地听老师的汇报，对于老师所说的问题，要积极思考，做好笔记。甚至有需要的时候，应该适当地参与家长会的发言。

3. 会后：及时总结

家长会结束后可以在老师方便的时间内和老师进行适当沟通。老师一般了解的都是孩子在学校里学习的情况，并不了解孩子在家学习的情况，家长可以告诉老师，以便让老师了解孩子的校外学习情况。家长还需要对家长会进行及时总结，把家长会上总结的内容与孩子一起分享，转述老师对他的评价与期盼。

第五节 认真对待校外培训

近年来，校外培训机构热度不减，依然受到许多家长的追捧。但有的校外培训不但加重了学生的课外负担，影响孩子身心健康，而且增加了学生家庭的经济负担。教育部为了减轻学生课外负担，强化学校育人的主阵地作用，多次采取“减负”的教育措施，建议家长理性客观、认真严谨地对待校外培训。

家长选择校外培训的四大误区：

误区 1：无视兴趣，从众跟风

晶晶是小学四年级的学生，平时比较爱玩，妈妈想让她学习一些技能，约束她玩的时间，于是给她报了兴趣班。第一个兴趣班是美术，一开始学水彩画的时候晶晶挺喜欢的，到后来学素描的时候，因为线段画不直，就总是用尺子画，受到了老师的批评。后来她不想再上美术课，常常和几个小伙伴逃课出去玩，到了下课时间再回家。第二个兴趣班是英语，晶晶实在是听不懂，别的同学学习的时候，她就在后面玩，有一次被去接她的爸爸撞见，回去挨了一顿骂，然后家里停了兴趣班。

误区 2：多多益善，过于功利

自儿子上小学三年级之后，何女士就一直忙着规划儿子的学习。“双减”政策之后，许多课外辅导班已经停了。何女士和丈夫商量之后达成共识，认为虽然不上语数外课外辅导班了，但是必须要培养儿子多方面的兴趣和技能，不能让孩子输在起跑线上，多学一项技能就多一个机会，如果学得好还可以参加各种比赛，说不定还可以在升学的时候成为加分项。但是，要找到合适的兴趣班就如大海捞针一样，因此，何女士一直辗转在各种培训机构当中，带着儿子参加了各种各样的试听课，还是无法做出取舍。最终，何女士还是认为多多益善，给儿子选择了篮球、轮滑、编程和舞蹈，几乎占满了儿子的周末时间。

误区 3：过度补短，适得其反

壮壮是小学三年级的学生，活泼好动，在学校上课时，总是喜欢跟前后左右的同学讲话，还会做一些小动作。老师就向壮壮妈妈反映他上课注意力不集中，缺少专注力，希望家长能配合改善一下。于是，壮壮妈妈为了培养壮壮的专注力，给他报了钢琴、围棋和全脑专注课。但是上了一段时间之后，壮壮妈妈发现壮壮变得不爱与人交谈了，也不活泼了。经过与老师的沟通，妈妈发现是因为壮壮本身好动，但这些课程太压抑他好动的天性，导致他身心发展受到限制。最后，壮壮妈妈及时取消了这些课程。

误区 4：偏重课外补习，忽视生活教育

小华今年 11 岁，是一个聪明又好学的女生。她的父母非常重视教育，认为孩子只有不断学习，提高各种能力，才能在未来的竞争中占据优势。除了在学校里学习，父母还给小华报了好几种课外培训班。小华一星期要上 6 天课，只有星期日有 3 个小时的玩耍时间。小华也特别优秀，一直在学习上名列前茅，在各类技能上也获得了许多奖项，她的优秀也让她的父母感到骄傲。但是，小华越来越不快乐，她没有时间去交朋友，也没有时间追求自己真正喜欢的东西，她时常看着其他同学快乐玩耍的场景而独自失落。渐渐地，小华变得越来越内向，也不再对学习感兴趣，成绩也开始下滑。这让她的父母十分担忧和困惑，不明白为什么一直优秀的小华变得不再出色。

四个故事从侧面反映出孩子参加校外培训的现状。有的家长很少关注孩子自身的愿望和需要，把自己的意愿强加给孩子。这样做反而会事与愿违，降低孩子的学习兴趣。有的家长为了让孩子具备一定的竞争优势、不输在起跑线上，给孩子报了多种课外兴趣班。还有的家长只是努力“打造”自己心中理想的孩子，而忽略了孩子自身发展规律。心理学家认为，父母与孩子说话时蹲下身子，会让孩子获得被关注、被尊重的感觉，有利于沟通理解。在孩子的学习、成长上，我们也需要放下姿态，“蹲下来”听听孩子的兴趣和想法。

教子有方小课堂

1. 树立正确的教育观念

理性看待参加校外培训的作用，并不是参加校外培训的孩子就比不参加校外培训的孩子发展得更好；不跟风从众，尽量不要给孩子增加学校教育以外的学习任务，多给孩子一点休息时间，让孩子健康、快乐地成长。

2. 尊重孩子的学习兴趣

如果孩子不是真心喜欢一样事物，他们容易产生抵触情绪，因此，家长在为孩子选择校外培训班时，应该从孩子的角度出发，考虑、尊重他的选择。孩子做自己喜欢的事，才会把它看成一种娱乐而不是负担。

3. 根据孩子个性及时调整

家长关注孩子的发展，应注重孩子的个性特点，理智地选择学习的内容。如果你的孩子活泼好动，而你想通过学习乐器的方式让孩子安静下来，但孩子不仅没有好好学习，还出现了干扰课堂的行为时，你就要考虑孩子是否适合继续学习。如果根据孩子的身心发展特点，他确实不适合参加某些校外培训班时，请及时调整他的校外培训内容，避免孩子出现更加严重的抵触行为。

第六节　学会克服教育焦虑

教育焦虑是指教育参与者对教育过程与结果的不确定性所产生的焦急、担忧、紧张、恐慌、烦恼等情绪的总称。目前，不少家长存在超出正常范围的教育焦虑，致使家长对子女产生过高的教育期待，在教育子女过程中产生偏激的教育行为。这些家长、学生都是教育焦虑的受害者，重视并及时疏导家长的教育焦虑情绪对子女身心健康发展、学业稳步前进具有特别的意义。

冬日的一个傍晚，在6点多钟的地铁站内，人来人往、一片嘈杂。只见一个男孩跪在地上，趴在由一些粗大管子组成的简易座椅上写着什么。身旁的母亲全然不顾列车驶过时发出的隆隆声响和路人的嘈杂，只是在一味训斥孩子："谁让你又没有考好呢？总是马马虎虎的，就差这么一点，要不班上第一名不就是你了吗？"妈妈的声嘶力竭很难让路过的人不对男孩多看上几眼。有路人忍不住上前对这位母亲说道："不能回家再说他吗？"谁料，这位母亲毫不让步："我就是要让他记住这个教训，才让他在这里把出错的地方多写上几遍的。"

"鸡娃"固然是为孩子的未来考虑，但背后折射出来的却是家长对教育的深层焦虑。有些家长认为出类拔萃的孩子可以给家庭带来荣耀，可以带领全家"逆袭"，而在这些欲望和需求面前，孩子本身却显得不那么重要了。

教子有方小课堂

1. 扭转教育功利化倾向

家长对待教育的功利化是引发教育焦虑的首要原因。有些家长从孩子一出生便开始焦虑，担心子女未来能否获得优质教育资源、能否抓住好的工作机会、能否获得更高的社会地位。在这种功利化的动机导向下，家长重视分数、重视升学、重视文凭。于是，“育儿变成育分”“提高一分可以超越一操场的人”这类的标语，出现在了校园里。对此，家长应该要高站位，顾大局，从子女自身特点出发，保持头脑清醒，不要被功利化教育所影响。

2. 不放大教育压力

孩子在成长过程中，不可能做到十全十美。孩子就是在试错中成长起来的，但是过于焦虑的家长常常对此不能容忍。比如孩子逃学、上课不听讲，家长第一个想到的问题不是今天课堂上的内容孩子没掌握好，而是十年后他考不上好大学，从此过上穷困潦倒的日子；孩子因零花钱不够从家长包里拿走20块钱，家长首先想到的不是孩子是不是有什么需要的东西，而是“小时偷针，长大偷金”，20年后可能要给孩子送牢饭。教育焦虑往往来源于我们对现实压力的夸大理解，对孩子的教育，我们太多时候“不活在当下”了，不去处理孩子当下出现的问题，而是把想象扩大到对这个孩子培养失败了。

3. 成人比成才更重要

教育是一个缓慢而优雅的过程，好的教育一定和焦虑无关，相反，它应该能在无声细微之处，给人们以精神的滋养，让人免于浮躁，让社会和谐美好。孩子是阳光向上、德智体美劳全面发展，还是死气沉沉、沦为学习工具，很大程度上取决于家长的精神引领。

家庭教育，对孩子的一生起着重要的奠基作用。我们拼尽所有努力培养孩子，难道就是为了让孩子取得高分、找到好工作、拥有很高的社会地位吗？简单地说，家庭教育不能简单粗暴地理解为培养孩子成才、成功，相反，家庭教育的终极目标是培养孩子成人，成为一个品格完整的人。所以，请您多夸夸有着优秀品质的孩子吧，他真的很优秀。

第七节　警惕“金钱填补”

不能经常陪伴在孩子身边的父母经常会用金钱来弥补对孩子缺失的照顾，以期孩子能用钱去购买自己需要的东西，从而减轻因缺少父母的照顾而出现的心理不平衡。钱是否能够弥补孩子缺失的亲情与陪伴呢？显然是不能的，金钱代替不了父母的陪伴。

东东是一名五年级的小学生，父母每天忙于家族生意，无暇顾及东东的学习和生活，于是东东的生活起居交由保姆照管，学习由家庭教师负责。东东父母因为不能经常陪伴儿子，心里很过意不去，于是每次一有机会，便给东东很多零花钱，过生日时给孩子 2000 元，过年压岁钱给孩子 5000 元，偶尔东东提及同学有相机、手机，东东父母二话不说赶紧给孩子转钱，并交代家里保姆，马上给东东添置这些东西。一来二去，东东变成班级里有名的“大财子”，吃穿用度都是班里最好的。东东慢慢开始挥金如土，小小年纪迷上网游，经常沉迷于电子游戏中……

东东的父母是典型的“金钱 = 爱”的这类家长，他们希望用大量的金钱来填补对东东缺失的关爱，最终导致东东在金钱里迷失自我。父母想用这种方式来弥补缺少陪伴的孩子，但孩子更需要的是关心与引导。

心理学家对学习动机研究的结果显示：若学习来自强烈的好奇心、求知欲，它所产生的动力将源源不断，这种来自内在的激励将使人不断地进行自我提升。但如果以物质来激发学习动力，那么孩子无法真正体会到学习的乐趣。在孩子“唯利是图”的心态养成后，只要缺乏物质刺激，学习动力就会消失。

教子有方小课堂

1. 寻找金钱的“替代品”

很多忙于生计的父母，选择用物质来弥补对孩子陪伴的缺失。然而，物质的满足容易让人产生更多的欲望，精神的满足才会让孩子变得坚强，只有家长的陪伴才会让孩子懂得亲情的珍贵。每一个孩子都渴望得到父母的疼爱，这些是多少物质和金钱都不能弥补的。所以，请家长们把金钱的奖励兑换成与孩子一同出去游玩的“车票”吧，把这些钱作为亲子旅游的快乐基金；如果因为生活，实在无法陪伴孩子，那就多打电话、多视频吧。

2. 使用情绪奖励方式

除了金钱奖励之外，家长还应该多运用情绪奖励方式，比如，说一句称赞的话、一个鼓励的眼神、一个温暖的拥抱，这些跟金钱比起来，说不定更能满足孩子渴望被肯定和被关注的心理需求。

图书在版编目（CIP）数据

小学中高段学生家庭教育指导手册 / 张聪主编. 武汉 : 湖北教育出版社, 2025. 4. -- (故事里的家庭教育学 / 赵刚总主编). -- ISBN 978-7-5564-6190-5

Ⅰ. G782-62

中国国家版本馆CIP数据核字第2025NZ5247号

小学中高段学生家庭教育指导手册

XIAOXUE ZHONGGAO DUAN XUESHENG JIATING JIAOYU ZHIDAO SHOUCE

出品人 方 平

责任编辑 胡 源　　责任校对 李庆华

封面设计 李 枫 刘静文　　责任督印 刘牧原

出版发行 长江出版传媒 430070 武汉市雄楚大道 268 号

湖北教育出版社 430070 武汉市雄楚大道 268 号

经 销 新 华 书 店

网 址 http://www.hbedup.com

印 刷 湖北新华印务有限公司

地 址 武汉市硚口区长风路 31 号

开 本 710mm×1000mm 1/16

印 张 9

字 数 110 千字

版 次 2025 年 4 月第 1 版

印 次 2025 年 4 月第 1 次印刷

书 号 ISBN 978-7-5564-6190-5

定 价 30.00 元

版权所有,盗版必究

(图书如出现印装质量问题,请联系 027-83637493 进行调换)